EXERCÍCIOS PRÁTICOS PARA ESTIMULAR A M3MÓRI4

1

Dados Internacionais de Catalogação na Publicação (CIP)
(Câmara Brasileira do Livro, SP, Brasil)

Palomo, Mónica
Exercícios práticos para estimular a memória, 1 / Mónica Palomo ; tradução de Guilherme Summa. – Petrópolis, RJ : Vozes, 2016.

Título original: Ejercicios prácticos para estimular la memoria, 1.

13ª reimpressão, 2024.

ISBN 978-85-326-5213-3

1. Atenção – Testes 2. Memórias – Teste – Problemas e exercícios etc. 3. Testes psicológicos I. Título.

16-00142 CDD-153.733

Índices para catálogo sistemático:
1. Atenção : Testes : Psicologia 153.733
2. Testes de atenção : Psicologia 153.733

MÓNICA PALOMO

EXERCÍCIOS PRÁTICOS PARA ESTIMULAR A M3MÓRI4

1

Tradução de Guilherme Summa

EDITORA VOZES

Petrópolis

Tradução do original em espanhol intitulado *Ejercicios prácticos para estimular la memoria*

Direitos de publicação em língua portuguesa – Brasil:
2016, Editora Vozes Ltda.
Rua Frei Luís, 100
25689-900 Petrópolis, RJ
www.vozes.com.br
Brasil

Editoração: Flávia Peixoto
Diagramação: Sheilandre Desenv. Gráfico
Capa: HiDesign Estúdio

ISBN 978-85-326-5213-3 (Brasil)
ISBN 978-84-9842-748-6 (Espanha)

Este livro foi composto e impresso pela Editora Vozes Ltda.

À minha família e a Albert,
por me amar e apoiar em tudo.

Sumário

Introdução

O presente livro tem como objetivo ser uma ferramenta útil para exercitar a memória, a fim de conservá-la, ou mesmo aumentá-la, por meio de 150 exercícios que trabalham diferentes capacidades cognitivas: atenção, raciocínio, cálculo, associação, memória, linguagem, entre outras.

Pode ser administrada por um profissional que se dedique à terceira idade (psicólogos, educadores, monitores recreativos ou qualquer pessoa que trabalhe com a memória), ou, espontaneamente, por quem quer que deseje exercitar sua memória.

O livro é benéfico para pessoas de todas as idades que queiram trabalhar a memória. Cabe ressaltar que quanto mais cedo uma pessoa começar a exercitar as funções cognitivas, menor será o risco de ela sofrer uma deterioração prematura.

Espero que este livro ajude as pessoas que o utilizarem e que elas o achem prático e agradável; pelo menos, foi essa a minha intenção ao elaborá-lo.

O livro é composto por diversas seções:

- Breve explicação teórica sobre a importância de se exercitar a memória.
- Recomendações sobre como utilizar o livro.
- Núcleo principal do livro, que é a parte dos exercícios práticos (150 atividades).
- Soluções dos exercícios.
- Índice dos exercícios, onde se encontram detalhadas as capacidades cognitivas que são trabalhadas e os exercícios correspondentes.

Entre os muitos mitos que existem acerca das capacidades cognitivas da terceira idade, um é o de que, conforme envelhecemos, vamos perdendo capacidades porque "é coisa da idade". Dessa forma, consideramos isso inevitável e, portanto, costuma-se pensar que não se pode fazer nada para mudar tal fato. Contudo, nos últimos anos, tem-se demonstrado que se exercitamos regularmente as diferentes funções cognitivas, elas demoram mais para se deteriorar e podem até mesmo chegar a melhorar.

É importante destacar que o sistema cognitivo humano é flexível e que a organização funcional de nosso cérebro depende, em grande parte, das atividades, dos exercícios, das operações mentais, ou das aprendizagens que realizamos e que provocam mudanças e estruturam o próprio sistema.

Façamos um paralelo com o exercício físico. A recomendação de sua prática regular parece ser unânime. Qual a razão disso? Quando não praticamos exercícios físicos sentimo-nos mais "enferrujados", nossa musculatura dói e não nos sentimos tão flexíveis. E quando voltamos a praticá-los, a princípio nos é um pouco penoso, porque não estamos acostumados, mas, pouco a pouco, entramos no ritmo outra vez. Pois o mesmo acontece com a memória. É igualmente importante exercitá-la para mantê-la em forma. Se não o fazemos, é muito provável que, com o tempo, nos custe mais lembrar coisas, saber em que dia estamos, se já tomamos o remédio, ou onde deixamos as chaves, entre várias outras coisas.

Atualmente, existe uma consciência sobre a importância de se exercitar a memória. Como prova disso, em muitos lugares, hoje, são oferecidas oficinas de memória para idosos, porque se tem constatado a relevância de se manterem ativadas as funções cognitivas e isso se consegue procurando fazer com que a pessoa realize atividades e exercícios com essa finalidade.

Algumas recomendações

- É preferível que a ordem de exercícios estabelecida seja seguida, já que, à medida que o livro avança, o grau de dificuldade vai aumentando.

- É mais proveitoso realizar exercícios de forma regular e continuada (pelo menos duas vezes por semana) do que fazer vários exercícios seguidos e, depois, abandoná-los durante um tempo.
- Deve-se levar em conta que o que estamos fazendo ao realizar essas atividades é exercitar as capacidades cognitivas; não se recrimine se por acaso não conseguir resolver algum exercício, já que o objetivo é ir exercitando pouco a pouco a memória, sem estresse.
- Se notar dificuldade em alguma atividade, deixe-a para outro dia, não há problema; com certeza em outro momento você se sairá melhor.
- Não tenha pressa para fazer os exercícios (exceto os que têm limite de tempo); se você os for fazendo sem olhar o relógio, relaxadamente, o resultado será melhor.

EXERCÍCIOS

1

Responda às seguintes perguntas:

Em que ano, mês e dia você nasceu?

....

Em que lugar você nasceu?

....

Em que ano você se casou?

....

Em que lugar você se casou?

....

Quantos anos você tinha?

....

Quantos anos tinha seu marido ou sua mulher?

....

Vocês saíram em lua de mel? Para onde foram?

....

Quantos filhos vocês têm? Escreva os nomes deles.

....

Em que ano eles nasceram?

....

2

Quantas figuras há de cada?

▲ ← ◀ ▼ ▶ ▼ ↑ ◀ ←

↕ ▶ ↑ ↓ → ▲ ↕ ← → ↓ ▲

◀ ▼ ▶ ← ↕ ↕ ↓ ▶ ▼ ↑ ↕ ▲

↑ ← ↓ ▶ ▲ ◀ ▼ ◀ ↕ ↓ →

◀ ← ↓ ◀ ← ↕ ◀ ▼ ▼ ← →

↓ ▼ ↑ ▲ ↑ ▲ ↕ ◀ → ↕ ↕ ▶ ▼

↑ ◀ ▲ ▼ ↑ ◀ → ▶ ▲ → ↓ ←

◀ ▶ ↑ ▼ ↕ ↓ ↕ ◀ ▶ ← ↕

← ↕ ↓ ▲ ← ▲ ▶ → ↕ ↕ ↓

▶ ↑ ↓ → ↓ ↕ ◀ ▶ ▶ ▼ ↑ ↓

▶ ↑ ↑ ← ▲ ↕ ↕ → ↓ ▼ ▲ ←

↕ → ◀ ← → ↑ ◀ ▲ ▼ ↑ ▲ →

▲ = ▼ = ◀ = ▶ =

↑ = ↓ = ← = → = ↕ =

3

Escreva o nome de 20 animais:

Gato...

....

....

....

....

....

....

....

Escreva o nome de 20 pessoas:

Carmen...

....

....

....

....

....

....

....

4

Ordene os seguintes números, do menor para o maior:

A) 19 63 30 17 97 54 49 13 99 45 23 90 33 55 41 92 10 7 1

B) 62 48 86 12 15 45 1 73 97 20 18 68 52 50 14 8 69 42 87

C) 99 32 77 12 16 5 94 75 30 27 24 73 18 44 55 25 85 37 6

5

Escreva o nome de 20 coisas que podem ser encontradas
em uma sala de jantar:

Mesa...

....

....

....

....

....

....

....

Escreva o nome de 20 coisas que podem ser encontradas
em um banheiro:

Banheira...

....

....

....

....

....

....

....

6

Ordene as seguintes coisas por ordem de tamanho,
do menor para o maior:

Borracha, computador, sapato, anel, sol, livro, bola, cadeira, grampo, estojo, casa, televisão, fósforo, geladeira, mesa, estádio, armário, lentilha, grampeador, cama.

1) .... 11) ....

2) .... 12) ....

3) .... 13) ....

4) .... 14) ....

5) .... 15) ....

6) .... 16) ....

7) .... 17) ....

8) .... 18) ....

9) .... 19) ....

10) .... 20) ....

7

Monte seu nome e sobrenome a partir de letras recortadas de revistas que tiver à sua disposição e cole neste papel. Se as letras forem coloridas, ficará ainda mais bonito.

8

Realize as seguintes instruções:

Se o "A" é MAIÚSCULO, desenhe uma cruz em cima.

Se o "e" é MINÚSCULO, circule-o.

Se o "I" é MAIÚSCULO, pinte-o de azul.

Se o "o" é MINÚSCULO, pinte-o de rosa.

Se o "U" é MAIÚSCULO, realce-o.

A E O o U I i a O U u E e a i u U o a A e E I i

o A e u U a A U a A E a i a i a E o O i A o U u

A E I O U E i O u U A e a i I o u e E i A o I a i

U e a i e A u o O A O I u E a i O a u e U a O A

I o e E o U a i A o E i O a U A I i e u a E o U a

E O u I i U a e E o A O a I u E o A I u O u U E

a O o u e A o A O i O u U A e a i I o u e E i A

o U e a i e A u o o U I i a O U u o E i O a U A

I i e u A E O o U I i a O U u E e a i u U o a A i

e E I i o A e u U a A U a O U E i O A i A e a o

9

Escreva 20 palavras que comecem com **CA**:

Casa...

....

....

....

....

....

....

....

Escreva 20 palavras que comecem com **ME**:

Mesa...

....

....

....

....

....

....

....

....

10

Você encontrará abaixo um conjunto de palavras; leia cada conjunto separadamente e, sem olhar, repita as palavras na ordem inversa.

Exemplo: mesa-beijo-mão

O inverso é: mão-beijo-mesa

1) sopa-televisor-janela

2) sábado-piso-mensagem

3) sete-avião-caçadora

4) rato-berço-casa

5) rota-piso-campainha

6) mão-cara-telhado

7) toalha-capa-berço

8) orvalho-Sandra-Manuel

9) campo-pano-prado-outubro

10) azul-verão-centro-vime

11) luz-vestido-robô-noite

12) edifício-truta-solo-flor

13) borracha-neve-mesa-sereia

14) pelúcia-sabão-nuvem-solo

15) sábado-noite-estojo-livro

16) pedra-pasta-noz-túnel

11

Desvende as seguintes charadas:

1) Passo o dia olhando no céu o meu amor, mas ele nem me dá bola porque é rei e eu sou flor:

2) Se é boa quando nova, também é quando velhinha! Se lisa ela aprova, igualmente enrugadinha:

3) Não sou rica, nem folgada, muito menos sou querida, mas na rede espero deitada por minha comida:

4) Nada fez de errado, embora preso viva; tem a cor do sol, que o alegra; está sempre cantando, mas não é diva:

5) O que é que enche uma casa, mas não enche uma mão?

6) Tem folhas, mas não tem galhos; tem capa, mas não sai na chuva; é mudo, mas conta tudo; tem formato de rapadura, mas rapadura não é; pode ser grande ou pequeno, do tamanho que se quiser:

7) Tem na árvore, na casa e também no futebol:

8) Estou entre as estrelas, moro no mar e nos manguezais; uso armadura e ando de lado, não vou para trás:

9) Batem-se o dia inteiro e não fazem mal uns aos outros:

10) Sou branco como a neve e doce como mel, se me misturam na água, dou uma calma do céu:

12

Leia o texto abaixo durante aproximadamente 2 minutos.
Depois, na página seguinte, responda às perguntas relacionadas ao texto, sem consultá-lo.

Na sexta-feira, 12 de abril, Manuela irá viajar para Nápoles com seu marido, Heitor. Eles ganharam essa viagem de um programa de televisão, numa prova que consistia em telefonar e responder à pergunta do dia. Saem de avião às 7h30min da manhã de Barcelona e chegam às 10h15min em Nápoles. Haverá um táxi esperando por eles, que os levará ao hotel 4 estrelas, pago também pelo programa. Estão muito felizes, porque faz mais de 15 anos que não viajam para lugar nenhum, e bastante animados. A estada em Nápoles será de dez dias e eles já têm programadas as excursões turísticas de cada dia.

No último domingo, Manuela completou 62 anos, e no próximo mês de abril Heitor fará 64 anos; ambos já estão aposentados.

Responda às seguintes perguntas:

1) Em que dia eles irão viajar?

2) Como se chama a mulher?

3) Como se chama o marido?

4) Como eles conseguiram a viagem?

5) A que horas parte o avião de Barcelona?

6) A que horas eles chegarão em Nápoles?

7) Quem os estará esperando em Nápoles?

8) Quantas estrelas tem o hotel em que irão se hospedar?

9) Faz quantos anos que eles não viajam?

10) Quantos dias eles ficarão em Nápoles?

11) Quantos anos tem a senhora?

12) Quando é o aniversário do senhor?

13

Encontre as 4 letras que não possuem par (que não se repetem).

E	C	R	B	A
N	I	H	Ç	K
F	A	Q	D	G
L	P	R	M	F
O	K	B	T	C
G	Ç	U	N	J
Z	Q	O	L	X
H	S	X	V	Y
W	T	D	Y	E
V	Z	U	M	W

As letras que não possuem par são:

....

14

Complete os seguintes ditados e explique o significado deles:

Não tente abraçar o mundo ....

Casa de ferreiro ....

Se a vida lhe der um limão ....

Pau que nasce torto ....

Quem não tem cão ....

O peixe morre ....

Palavras loucas ....

Duas cabeças ....

Deus ajuda a quem ....

Quem muito fala ....

Quem corre por gosto ....

O mal dos outros ....

15

Desenhe, no centro, um círculo; do lado esquerdo dele, desenhe uma cruz; em cima da cruz, escreva o número 2; e, embaixo do círculo, desenhe um quadrado.

Desenhe um quadrado do lado direito do papel; embaixo dele, escreva um sinal de interrogação (?); à esquerda do quadrado, desenhe um círculo; em cima dele, escreva o número 7; e, dentro do quadrado, desenhe um triângulo.

16

Escreva o nome de 20 cidades:

Petrópolis...

....

....

....

....

....

....

....

Escreva o nome de 20 alimentos:

Macarrão...

....

....

....

....

....

....

....

17

Escreva o antônimo (palavra que significa o oposto) das seguintes palavras:

Acima: .... Alto: ....

Forte: .... Sujo: ....

Primeiro: .... Tedioso: ....

Magro: .... Pequeno: ....

Branco: .... Baixar: ....

Ganhar: .... Começar: ....

Aumentar: .... Amar: ....

Louro: .... Dia: ....

Rico: .... Seco: ....

Otimista: .... Alegre: ....

Rápido: .... Frio: ....

Longo: .... Bom: ....

Verdadeiro: .... Próximo: ....

Igual: .... Cheio: ....

18

Responda às seguintes perguntas:

1) Explique, em algumas linhas, como foi a sua infância:

....

....

....

2) Explique como era o bairro em que você morava quando era pequeno(a):

....

....

....

3) Explique que amigos você tinha na sua juventude (seus nomes, como vocês se divertiam etc.):

....

....

....

4) Explique qual foi o seu primeiro emprego (o que fazia, quanto ganhava, que idade você tinha etc.):

....

....

....

19

Você encontrará abaixo um conjunto de palavras; leia cada conjunto separadamente e, sem olhar, repita as palavras na ordem inversa.

Exemplo: mão-pano-mina-sopa-berço

O inverso é: berço-sopa-mina-pano-mão

1) retrato-savana-pano-berço-caracol

2) palhaço-lua-capa-mesa-montanha

3) musa-lata-sarda-frigideira-janela

4) ramo-cadeira-café-bolo-muro

5) sombra-lua-sofá-puro-cama

6) rosto-costas-sol-balcão-caminho

7) camisa-piso-montanha-cadeira-saco

8) papagaio-caminhão-rato-cabeça-rima

9) savana-tarifa-lenço-tília-remo

10) sabão-salto-sete-tombo-roto

11) Francisco-Maria-Laura-Alberto-Sofia

12) túnel-estojo-camisa-zero-menta

13) rato-mesa-poço-bala-sala

14) merluza-cebola-carne-torrada-rima

15) jarro-perna-sapato-ramo-mesa

16) semente-susto-lata-timbre-cogumelo

20

Organize as seguintes frases:

Duas às horas uma tenho muito reunião importante

....

Tenho o com próxima uma quarta-feira na consulta oftalmologista

....

Fim vou de à semana praia todo banho sol para de tomar

....

Mãe deu minha presente me cachecol um colorido de

....

Pedaços caiu vasilha no a chão em estilhaçou mil e se

....

Até os dias as todos nove noite da trabalha Antônio

....

Duas irmão velhas um e irmãs tem que Letícia ela mais

....

21

Coloque o número que falta:

65 + ____ = 78	55 + ____ = 63
83 + ____ = 89	30 + ____ = 42
38 + ____ = 44	89 + ____ = 94
11 + ____ = 18	27 + ____ = 34
53 + ____ = 61	77 + ____ = 84
85 + ____ = 93	20 + ____ = 32
52 + ____ = 59	91 + ____ = 100
25 + ____ = 33	12 + ____ = 18
90 + ____ = 102	16 + ____ = 26
65 + ____ = 73	97 + ____ = 100
26 + ____ = 36	18 + ____ = 28
98 + ____ = 103	36 + ____ = 43
19 + ____ = 23	17 + ____ = 23
12 + ____ = 20	93 + ____ = 102
48 + ____ = 56	14 + ____ = 22
19 + ____ = 25	72 + ____ = 79
38 + ____ = 44	95 + ____ = 101

22

Ordene as seguintes coisas por ordem de tamanho, do menor para o maior:

Telefone, carro, formiga, dente, lâmpada, xícara de café, barata, criado-mudo, bicicleta, relógio de pulso, monitor de tela plana, caminhonete, mão, árvore, baleia, leque, caminhão, guarda-chuva, perna, cadeira.

1) ....

2) ....

3) ....

4) ....

5) ....

6) ....

7) ....

8) ....

9) ....

10) ....

11) ....

12) ....

13) ....

14) ....

15) ....

16) ....

17) ....

18) ....

19) ....

20) ....

23

Conte quantas figuras há de cada:

☺ ☼ ♣ ♥ ♫ ♀ ♪ ♂ ♠ ◘ ○ ♥ ♫ ♀ ♪

♂ ☼ ♣ ♥ ♫ ♀ ♪ ♂ ◘ ○ ♥ ♫ ♀ ♪ ♀

♪ ♂ ♠ ◘ ♠ ◘ ○ ♥ ♣ ♥ ♫ ♀ ☺ ☼ ♣

♣ ♥ ♫ ☺ ☼ ♣ ♥ ♫ ♀ ♪ ♂ ♠ ◘ ○

♥ ♫ ♀ ♪ ♂ ☼ ♣ ♥ ♫ ♀ ♪ ♣ ♥ ♫ ♀

☺ ☼ ♂ ♠ ◘ ♠ ◘ ◘ ○ ♥ ♣ ♥ ♫ ♀ ☺ ♫

☺ ☼ ♣ ♥ ♫ ♀ ♫ ♀ ♪ ♂ ◘ ○ ♥ ♫ ♀

♪ ♀ ♣ ♥ ♫ ♀ ♪ ♀ ♪ ♣ ♥ ♫ ♀ ☺ ☼

☼ ♣ ♥ ♫ ♀ ♪ ♣ ○ ♥ ♀ ☺ ☼ ♂ ◘ ○

♠ ◘ ♀ ♪ ♣ ◘ ○ ♥ ♫ ♀ ♥ ♫ ♀ ♪ ♂

♠ ◘ ○ ○ ♥ ♣ ♥ ♫ ♀ ♀ ♪ ♂ ☼ ♣ ♣

♥ ♫ ♀ ♣ ♥ ♫ ♀ ♪ ♂ ♠ ◘ ○ ♣ ♥ ♫

☺ ☼ ♂ ◘ ○ ♥ ♫ ♀ ♪ ♀ ♪ ♀ ♣ ♥ ♫

♀ ♥ ♫ ♀ ♪ ♀ ♪ ♣ ♥ ♫ ☺ ☼ ♣ ♥

♫ ♀ ♪ ♂ ♠ ◘ ♀ ♣ ♥ ♫ ♀ ♪ ♀ ♂

☼ ♣ ♣ ☺ ☼ ♣ ♥ ♫ ♀ ♪ ♂ ○ ♥ ♣ ♥

....

☺ =   ☼ =   ♣ =   ♥ =   ♫ =

♀ =   ♪ =   ♂ =   ♠ =   ◘ =   ○ =

24

Desvende as seguintes charadas:

1) No meio do mar estou e não sou barco a vela. Estou no fim da onda e areia não sou:

2) Precedo as tempestades, meu bramido é de temer, faço a criança chorar e o valentão se esconder:

3) O que é que nasce grande e morre pequeno?

4) Não tem olhos, mas pisca; não tem boca, mas comanda:

5) Sou alta, fina ou gordinha. Solto fumaça por minha cabecinha:

6) Vivo em meio à doçura e às flores com minhas irmãs trabalhadeiras, mas não se iluda, meu amigo, sou mesmo um perigo: embora sabendo que morrerei, pico você se mexer comigo!

7) Alto e delgado, cabeça brilhante, ilumino o caminho dos navegantes:

8) Duas mães com duas filhas vão à missa com três mantilhas. Quem é a mais velha?

9) Trocando uma letra em meu nome, resta o animal que é o meu maior inimigo:

25

Realize as ações a seguir por meio de mímica (utilizando gestos):

1) Escovar os dentes
2) Lavar as mãos
3) Bocejar
4) Piscar um olho
5) Falar ao telefone
6) Dirigir um carro
7) Vestir calças
8) Colocar grampos no cabelo
9) Lavar o cabelo
10) Descascar batata
11) Bater ovo
12) Subir a persiana
13) Mostrar a língua
14) Sentar-se
15) Dançar
16) Tomar banho
17) Maquiar-se
18) Barbear-se
19) Andar de bicicleta
20) Cumprimentar
21) Escrever a máquina
22) Jogar tênis
23) Nadar
24) Varrer

26

Memorize, durante aproximadamente 2 minutos, a profissão de cada uma das pessoas abaixo. Na página seguinte, você terá de responder a uma série de perguntas.

ALBERTO: cirurgião	LUCIANO: policial
JESUS: programador	REBECA: cabeleireira
RAQUEL: dona de casa	VALDETE: professora
TÂNIA: enfermeira	DAVI: mecânico

Sem olhar a página anterior, responda às seguintes perguntas:

1) Qual é a profissão de Rebeca?

....

2) Quem é mecânico?

....

3) Qual é a profissão de Raquel?

....

4) Quem é cirurgião?

....

5) Quem é programador?

....

6) Qual é a profissão de Valdete?

....

7) Qual é a profissão de Tânia?

....

8) Quem é policial?

....

27

Usando setas, relacione cada capital com seu respectivo estado:

Ceará	Salvador
Paraná	Belo Horizonte
Mato Grosso	Macapá
Pernambuco	Florianópolis
Alagoas	Boa Vista
Rio Grande do Norte	Curitiba
Bahia	Natal
Amapá	Vitória
Tocantins	Maceió
Santa Catarina	Teresina
Minas Gerais	Fortaleza
Roraima	Recife
Piauí	Cuiabá
Espírito Santo	Palmas

28

Realize as seguintes instruções:

Se o "B" é MAIÚSCULO, desenhe uma cruz em cima.
Se o "c" é MINÚSCULO, circule-o.
Se o "D" é MAIÚSCULO, pinte-o de azul.
Se o "f" é MINÚSCULO, pinte-o de rosa.
Se o "G" é MAIÚSCULO, realce-o.

B c D f G g F d C b B c G g d D c G g G b B F

G g B c D F g D b G c B b f g B b d G c b d g

f d D B C d F f G d B C c D F G d g f b d f g d

c g f D G F g B f F d G b D c B g b c d F f g g

f D d b G c F G g B c D F g D b G c B b f g B

b f d D B C d F f G d c F G g B c D F g D b G

F d C b B c G g d D c G g G B c D f G g F d C

b B c G g d D c b B c G g d D c G g G b B B c

D f G g F d C b d b G c F G g B c D g C d F f

G d c F G g B c D g f D G F g B f F d G b D c

B g b c d F f g g f D d b G c F G g g B f F d G

29

Escreva o nome de 20 peças de vestuário:

Camiseta...

....

....

....

....

....

....

Escreva o nome de 20 partes do corpo:

Mão...

....

....

....

....

....

....

30

Encontre os números do 1 ao 80 que faltam. Quando os encontrar, escreva-os nos quadrados em branco. É mais fácil começar buscando pelos números por ordem: primeiro procure o 1, depois o 2 etc., até encontrar os que faltam.

3	65	13	68	19	45	18	4
20	37	31	62	9	66	21	24
44	6	53	22	76	36	52	59
27	43	33	72	17	78	35	11
10	48	69	30	56	74	1	51
57	55	2	67	77	29	42	34
23	16	47	73	12	63	58	5
28	50	38	60	46	71	80	39
41	7	54	64	75	15	49	25

31

Quais são as 2 letras do alfabeto que faltam?

P J O L I R U J M Y H O G D T K V E Z F W S X Q B N O U O N
E Q S F V D P M L J R P O I U H G N K B S N X E F V D M J I R
O L P J T E W N G K H D I J M R I U F Z S B Q S W J L N O M G
J H G Y U K Z N I O P L U Y T E S I Q E T W S Z K G Y H V S M

Faltam as letras:

....

Q A Z W L I S M C R F V T U B Y H N P J G E K O J G N Y H P E
J R S Q L A M F C M Z V B H U E O G J K T R S F U M W Q A L J
P R S A N J B V C F M S R T I L A Z O E P T J H K G N U T R F V
N R W Q A Z I L R T F S C U Y U T R F J H G N B V M P T R M I

Faltam as letras:

....

M N B J H X Z W L K A V G F D O A Q I Y R T J U N P N I U V T
G F R V D Y U X Z A O I Q P W L M K Y U J T R Y D F G B F N
M K R I Q A Z X F R Y T J U P L J V G T R Y O V G F I D O Q A
M N B J X Z A Y I T U R P H L M K I V G T R M D O J C N F R T

Faltam as letras:

....

32

Escreva 20 palavras que comecem com **SU**:

Sudário...

....

....

....

....

....

....

Escreva 20 palavras que comecem com **PI**:

Piano...

....

....

....

....

....

....

33

Você encontrará abaixo uma série de números; leia cada série separadamente e, sem olhar, repita os números na ordem inversa.

Exemplo: 26-78-12

O inverso é: 12-78-26

A) 6-24-98

B) 67-55-32

C) 8-97-65

D) 56-47-87

E) 31-24-58

F) 16-96-43

G) 86-54-14

H) 94-15-82

I) 65-43-16-83

J) 53-23-74-14

K) 32-17-19-54

L) 74-13-52-98

M) 21-57-87-32

N) 90-23-18-5

O) 77-45-13-83

P) 22-74-29-16

34

O que as três palavras têm em comum?

Caneta – Pena – Lápis: os três são objetos usados para escrever.

Outono – Primavera – Verão: ....

Flauta – Trompete – Tambor: ....

Feijão – Lentilha – Grão-de-bico: ....

Maçã – Ameixa – Banana: ....

Azul – Branco – Preto: ....

Camiseta – Saia – Calça: ....

Elástico – Tiara – Grampo: ....

Banco – Sofá – Cadeira: ....

Jornal – Revista – Livro: ....

Cachorro – Gato – Coelho: ....

A – E – I: ....

Pulseira – Anel – Colar: ....

35

Escreva o nome de 20 coisas que podem ser encontradas em um quarto:

Cama...

....

....

....

....

....

....

Escreva o nome de 20 coisas que podem ser encontradas em uma cozinha:

Frigideira...

....

....

....

....

....

....

36

Monte a frase abaixo a partir de letras recortadas de revistas que tiver à sua disposição e cole neste papel. Se as letras forem coloridas, ficará ainda mais bonito.

"André é um menino de 7 anos muito feliz que vive com seus pais e seus 3 irmãos."

37

Complete com as vogais (A, E, I, O, U) para formar palavras:

C....B....Ç....

M....N....

M....RG....M

S....T....

F....R....L

C....L....R

T....T....M

P....NT....R

R....C....D....

F....NT....SM....

M....L....T....

M....S....D....

N....CT....R

C....M....R....T....

R....M....T....

R....D....ND....

T....MB....R

C....MPR....D....R

F....L....D....R

R....M....LH....T....

38

Responda às seguintes perguntas:

1) Explique como foi o dia do seu casamento (quem foi, como você estava vestido(a), quanto tempo durou...):

....

....

2) Explique alguma viagem que você tenha feito durante a vida (quantos anos você tinha, para onde você foi, por que motivo...):

....

....

3) Explique algum acontecimento pessoal que tenha lhe trazido muita alegria (que não seja o nascimento de seus filhos nem de seus netos):

....

....

4) Explique sua experiência com a aposentadoria (quantos anos você tinha, como você se sentiu...):

....

....

39

Continue a série:

12 – 14 – 16 – – – – – – – –

17 – 20 – 23 – – – – – – – –

44 – 48 – 52 – – – – – – – –

74 – 72 – 70 – – – – – – – –

98 – 95 – 92 – – – – – – – –

64 – 59 – 54 – – – – – – – –

135 – 129 – 123 – – – – – – – –

110 – 116 – 122 – – – – – – – –

98 – 102 – 106 – – – – – – – –

81 – 77 – 73 – – – – – – – –

40

Escreva 20 palavras que comecem com **FR**:

França...

....

....

....

....

....

....

Escreva 20 palavras que comecem com **BR**:

Braço...

....

....

....

....

....

....

41

Leia o texto abaixo durante aproximadamente 2 minutos. Depois, na página seguinte, você terá de completar esse mesmo texto, sem consultá-lo, com as palavras que faltam.

Era um dia ensolarado de primavera, eu passeava no parque, absorto em pensamentos.

Observava com grande alegria os animais que ali viviam: patos, pombos, cegonhas... isso me deixava contente, já que sou um grande amigo dos animais, esses seres vivos que muitas vezes são melhores companheiros que as próprias pessoas.

Caminhava pensativo, como sempre, sem dar-me conta de que a uns poucos metros de distância estava aquela garota que tanto me fascinava.

Estava sentada em um banco, lendo uma espécie de revista, muito atenta.

Fiquei ali parado, observando sua grande beleza, era tão bonita que não parecia de verdade. Considerei se deveria ou não me aproximar e cumprimentá-la, mas fui invadido imediatamente por uma sensação de medo e extrema timidez.

Fiquei paralisado, sem condições de mover sequer um pé.

Juntei minhas forças, e, finalmente, depois de um tempo tentando, meu corpo reagiu e eu pude andar.

Mas ela já não estava mais lá.

Escreva nos espaços em branco as palavras corretas:

Era um dia ensolarado de ________, eu passeava no parque, absorto em pensamentos.

Observava com grande ________ os animais que ali viviam: ________, pombos, cegonhas... isso me deixava contente, já que sou um grande ________ dos animais, esses seres ________ que muitas vezes são melhores companheiros que as ________ pessoas.

Caminhava ________, como sempre, sem dar-me conta de que a uns poucos metros de distância estava aquela garota que tanto me ________.

Estava sentada em um banco, lendo uma ________ de revista, muito ________.

Fiquei ali parado, ________ sua grande beleza, era tão ________ que não parecia de verdade. Considerei se ________ ou não me aproximar e cumprimentá-la, mas fui ________ imediatamente por uma sensação de ________ e extrema timidez.

Fiquei paralisado, sem condições de mover sequer um ________.

Juntei minhas ________, e, finalmente, depois de um tempo tentando, meu ________ reagiu e eu pude ________.

Mas ela já não estava mais lá.

42

Ordene as seguintes coisas por ordem de tamanho, do menor para o maior:

Avião, gorra, melão, cebola, gaita, pinça, pinhão, vaso, piano, moto, montanha, uva, trem, violino, prato, pepino, cabide, banheira, banana, cereja.

1) ....
2) ....
3) ....
4) ....
5) ....
6) ....
7) ....
8) ....
9) ....
10) ....
11) ....
12) ....
13) ....
14) ....
15) ....
16) ....
17) ....
18) ....
19) ....
20) ....

43

Você encontrará abaixo uma série de números; leia cada série separadamente e, sem olhar, repita os números na ordem inversa.

Exemplo: 96-32-17-45-13

O inverso é: 13-45-17-32-96

A) 44-29-11-6-76

B) 7-59-32-91-15

C) 8-43-52-61-77

D) 15-19-27-2-86

E) 93-41-5-19-67

F) 2-9-73-49-84

G) 18-31-63-7-58

H) 22-13-40-72-45

I) 17-81-53-60-49

J) 8-71-9-93-17

K) 20-31-10-7-83

L) 49-51-8-64-12

M) 5-16-21-83-4

N) 22-18-43-82-71

O) 8-27-52-69-93

P) 31-57-23-12-9

44

Complete os seguintes ditados e explique o significado deles:

Mais sabe o diabo por ser velho ....

A gente conta o milagre ....

Gosto é gosto ....

A esperança é a última ....

Mais vale a astúcia ....

O olho do dono engorda ....

A paciência é a mãe ....

Mais vale um pássaro na mão ....

A cavalo dado ....

Não deixe para amanhã ....

Não adianta chorar ....

Deus escreve certo ....

45

Encontre o símbolo que não possui par e desenhe-o no espaço em branco.

46

Memorize bem os pares de palavras abaixo por aproximadamente 2 minutos. Na página seguinte, você terá de escrever a palavra que corresponde a cada par. Para ajudar a se lembrar, é útil memorizar os pares de palavras visualizando a imagem (imaginando-a). Por exemplo: visualize um gato em cima de uma mesa. Quanto mais específica for a imagem que você imaginar, mais fácil será recordá-la.

Mesa – Gato

Livro – Computador

Cachecol – Chão

Telefone – Caneta

Parafuso – Pé

Saia – Relógio

Cabeça – Borboleta

Trem – Azul

Escreva ao lado de cada palavra seu respectivo par:

Mesa: ....

Livro: ....

Cachecol: ....

Telefone: ....

Parafuso: ....

Saia: ....

Cabeça: ....

Trem: ....

47

O que se celebra nos seguintes dias do ano?

15 de outubro: ....

1º de janeiro: ....

24 de junho: ....

28 de outubro: ....

25 de dezembro: ....

20 de novembro: ....

12 de outubro: ....

19 de novembro: ....

8 de março: ....

23 de abril: ....

30 de setembro: ....

9 de abril: ....

12 de junho: ....

1º de dezembro: ....

29 de junho: ....

1º de abril: ....

21 de setembro: ....

48

Descubra quais são os sete números que se repetem.

5	42	10	36	54	14	19	6
21	47	18	64	9	26	48	30
13	51	24	57	41	33	2	12
31	38	67	23	62	37	43	46
7	34	3	66	1	50	52	29
20	27	58	22	70	17	65	60
55	44	63	59	56	71	25	4
35	65	11	73	21	34	39	69
15	2	49	53	68	32	8	13
45	28	16	50	40	72	61	70

Os números que se repetem são:

....

....

49

Realize as seguintes instruções:

Se o "M" é MAIÚSCULO, desenhe uma cruz em cima.
Se o "n" é MINÚSCULO, circule-o.
Se o "R" é MAIÚSCULO, pinte-o de azul.
Se o "p" é MINÚSCULO, pinte-o de rosa.
Se o "T" é MAIÚSCULO, realce-o.

M n T t p R p m N t N t R p r m P M t M R N r

m R p t P r m R t P M N p n T P t M n m R P t

T m n R P t P r N n m n r R p T r m T n R p M

n m r T n R M N p t P t m N P t T p P m N m r

m R M T p n p R p M n P n M r R P n M R T t

n m R p t P r m R t P M N p n T P t M n m R P

t T m n R P t P r N r R p T r m T M n T t p R p

m N t N t R p r m P M t M R N m R p t P r m r

m r T n R M p n T P t M n m R P t T m n R P t

P r N n m n r R p T r m T n R p r m P M t m R

p t P r m R t P M N p n T P t M n m R P t n M

50

Desenhe dois triângulos no centro, um ao lado do outro. Desenhe um círculo em cima do triângulo da esquerda e uma cruz em cima do triângulo da direita. Dentro do círculo, escreva o número 5. Embaixo do triângulo da direita, desenhe um quadrado.

Desenhe um retângulo do lado esquerdo do papel e, dentro dele, desenhe um círculo. Embaixo do retângulo, escreva um sinal de exclamação (!); embaixo do sinal de exclamação, escreva o número 3 e, do lado direito dele, escreva a palavra ESTRELA. Embaixo da letra T da palavra ESTRELA, desenhe uma cruz.

51

Desvende as seguintes charadas:

1) Não sou locomotiva, mas posso soltar vapor. Deixo tudo alisado, com muito vigor:

2) Pelo muito bem que faço não posso ser dispensada, se persisto aborreço, se falto sou desejada:

3) O que é que tem pernas e tem costas, mas não é gente?

4) O que é que fazem todos ao mesmo tempo: velhos, novos e crianças?

5) O que é que quanto mais se perde, mais se tem?

6) O que é que sobe quando a chuva desce?

7) O que é que quando é novo tem rugas e quando é velho é liso?

8) O que é que conhece todas as línguas, escuta sem ter ouvido e responde sem ter boca?

9) O que é que faz o mês de maio ficar maior?

10) Quando compramos, é preto, quando usamos é vermelho e quando jogamos fora é cinza?

11) O que é que nasce aos socos e morre a facadas?

12) Tenho casas sem ser bairro, no meu nome casa tenho. Sem ser cão protejo o dono, que me usa se lhe convenho:

13) O que é que vem sempre para casa pelo buraco da fechadura?

52

Organize as seguintes frases:

Era bonita casinha a muito e acolhedora

....

Filme tarde gostei o eu começou e não

....

Está de oito Ana e meses grávida meio

....

Chover a e a começou até granizo cair muito

....

Dia depois eu logo tomo todo acordo banho que

....

Água o ferver jogue para a quando ponha e arroz esquentar

....

Começar inglês em escola setembro estudar a na vou

....

53

Escreva o nome de 20 coisas que podem ser encontradas em uma escola:

Lápis...

....

....

....

....

....

Escreva o nome de 20 coisas que podem ser encontradas em um supermercado:

Tomate...

....

....

....

....

....

....

54

Você encontrará abaixo várias palavras; leia-as uma por uma e, sem olhar, soletre-as (em ordem, diga as letras que compõem a palavra).

Exemplo: CASA.

As letras que compõem essa palavra são: C – A – S – A.

1) PATA

2) CAMA

3) PANO

4) PULO

5) TIRA

6) CESTA

7) NUVEM

8) SUSTO

9) PRAIA

10) FORNO

11) PAREDE

12) PRENSA

13) PALITO

14) CAMISA

15) TAMBOR

16) PASTEL

55

Usando setas, relacione as palavras da esquerda com os adjetivos da direita:

Árvore	Vermelho
Casa	Fiel
Cabelo	Agitado
Céu	Longo
Noite	Verde
Restaurante	Postiço
Tela	Azul
Carro	Cômodo
Menino	Fria
Cachorro	Pequeno
Sofá	Vermelha
Cílio	Barato
Rosa	Plana
Mar	Grande

56

Escreva 20 palavras que comecem com **TR**:

Trono...

....

....

....

....

....

....

Escreva 20 palavras que comecem com **CR**:

Cromo...

....

....

....

....

....

....

57

Coloque o número que falta:

5 + __ = 19	9 + __ = 30	8 + __ = 17
9 + __ = 14	2 + __ = 15	6 + __ = 15
1 + __ = 26	8 + __ = 23	5 + __ = 18
7 + __ = 13	22 + __ = 39	33 + __ = 47
8 + __ = 27	16 + __ = 23	31 + __ = 46
17 + __ = 29	15 + __ = 40	89 + __ = 101

15 – __ = 9	55 – __ = 42	67 – __ = 55
34 – __ = 21	77 – __ = 63	38 – __ = 25
93 – __ = 86	52 – __ = 47	46 – __ = 41
62 – __ = 43	16 – __ = 4	73 – __ = 68
17 – __ = 7	20 – __ = 14	28 – __ = 14
98 – __ = 86	32 – __ = 25	44 – __ = 31

58

Quais são as 2 letras do alfabeto que faltam?

PJOLIRUJMYHOGDTKVEZCWSXQANOUON
EQSCVDPMLJRPOIUHGNKASNXECVDMJIR
OLPJTEWNGKHDIJMRIUCZSAQSWJLNOMG
JHGYUKZNIOPLUYTESIQETWSZKGYHVSM

Faltam as letras:

....

QAZWLXSDCRFVTUBYHNPJGEKOTGNYHP
ETRSQLADFCXZVBHUEOGJKTRSFUDWQAL
JPRSAJNBVCFDSRTXLAZO EPTJHKGNUTR
FVDRWQAZXLRTFDCUYUTRFJHGNBVDPT

Faltam as letras:

....

MNBJHXZWLKAVGFDSAQIERTJUNPNIUV
TGFREDSUXZASIQPWLMKEUJTREDFGBFN
MKSIQAZXFRETJUPLJVGTRESVGFIDSQAM
NBJXZAEITURPHLMKIVGTREDSJCIFRTIN

Faltam as letras:

....

59

Escreva o antônimo (palavra que significa o oposto) das seguintes palavras:

Concreto: .... Leve: ....

Paciência: .... Guerra: ....

Maldito: .... Trazer: ....

São: .... Oculto: ....

Transparente: .... Pior: ....

Ordem: .... Corajoso: ....

Velhice: .... Rapidez: ....

Moderno: .... Pagar: ....

Interior: .... Lucro: ....

Sempre: .... Pergunta: ....

Calado: .... Saída: ....

Nervoso: .... Obstruído: ....

Ativo: .... Recordar: ....

Amigo: .... Final: ....

60

Conte quantas figuras há de cada:

☼ ♣ ≥ Ⱡ Ł ಲ ♀ ≥ ♂ ♠ ಬ ≤ ಬ ಬ ♀ Ⱡ

≥ ♂ ಬ ☼ ♣ ಲ ♀ ≥ Ⱡ ♂ ಬ ≤ Ⱡ ♀ ≥ Ł

♀ ≥ ♂ ♠ ♠ ಬ ≤ ಲ ♣ Ⱡ ಲ ♀ Ł ☼ ♣ Ⱡ ♣

ಲ ☼ ♣ Ⱡ ☼ Ⱡ ♂ ♠ Ł ಬ ≤ Ⱡ ಲ ಲ ♀ ≥

♂ ♠ ☼ ♣ Ⱡ ಲ ♀ Ł ♣ Ⱡ ಬ ♀ Ł ☼ ♂ ♠ ♠

Ⱡ ≤ ಬ ♣ Ⱡ ☼ ♀ Ł ☼ ☼ Ł ಲ ♣ Ⱡ ಲ ♀

Ł ♀ ♂ ≥ Ł ≤ ಬ ♀ ≥ ♀ ಲ ♣ ಲ ♀ ♀ ≥

♣ ಲ ≥ ♀ Ł ☼ ☼ ♣ Ⱡ ಲ ♀ ≥ ♣ ≤ Ⱡ ♀

≥ ☼ ♂ ಬ ≤ ♠ Ł ಬ ಬ ♀ ≥ Ł ♣ ≤ Ⱡ ಲ

♀ Ⱡ ☼ ♀ ಲ ♂ ♠ ≤ ಬ ≥ ♣ ಲ ♠ ♀ ♀ ಬ

♂ ♠ Ł ☼ ♣ Ⱡ Ł ಲ ☼ ಬ ♂ ಬ ≤ Ⱡ ♀ ≥ ♣

Ⱡ ಲ ♀ Ł ♂ ಬ ☼ ♣ ಲ ≤ Ⱡ ಲ ಲ ♀ ≥ ♂

♠ Ł ≤ Ⱡ ♀ ≥ ♀ ಲ ♣ ಲ Ⱡ ♠ ♀ Ł ♣ ≤ ♠

Ł = ☼ = ♣ = Ⱡ = ಲ =

♀ = ≥ = ♂ = ♠ = ಬ = ≤ =

61

Escreva 20 palavras que terminem com **TA**:

Batata...

....

....

....

....

....

....

Escreva 20 palavras que terminem com **NA**:

Rena...

....

....

....

....

....

....

62

Realize as ações a seguir por meio de mímica (utilizando gestos):

1) Tomar um sorvete

2) Disparar um revólver

3) Colocar perfume

4) Dirigir uma moto

5) Fazer ginástica

6) Vestir um suéter

7) Acender um isqueiro

8) Chorar

9) Despedir-se

10) Andar em cadeira de rodas

11) Vestir uma camisa

12) Amarrar os cadarços dos sapatos

13) Dormir

14) Calçar luvas

15) Ninar um bebê

16) Abrir uma lata

17) Ordenhar uma vaca

18) Utilizar uma calculadora

19) Encher uma bexiga

20) Quebrar uma noz

21) Bater um prego

22) Espirrar

23) Tossir

24) Ler um livro

63

Usando setas, relacione cada país com sua respectiva capital:

Bélgica	Oslo
França	Tóquio
Noruega	Londres
Cuba	Nova Déli
Itália	Bruxelas
Japão	Brasília
Espanha	Lima
Grécia	Rabat
Brasil	Madri
Portugal	Roma
Marrocos	Paris
Índia	Havana
Peru	Atenas
Reino Unido	Lisboa

64

Complete as seguintes frases com o parentesco correspondente:

1) O marido da minha filha é meu ....

2) A mãe do meu marido é minha ....

3) A mulher do meu tio é minha ....

4) A filha da minha irmã é minha ....

5) A mãe da minha mãe é minha ....

6) O pai do meu marido é meu ....

7) O marido da minha irmã é meu ....

8) A irmã da minha avó é minha ....

9) A mãe da minha avó é minha ....

10) A mulher do meu irmão é minha ....

11) O pai da minha mãe é meu ....

12) A irmã da minha mãe é minha ....

13) A mulher do meu filho é minha ....

65

Ordene os seguintes números, do maior para o menor:

A) 5 38 135 900 765 234 123 657 45 32 78 659 4 12 19 11 8

B) 341 67 30 271 986 47 2 1 60 654 23 890 82 54 13 9 15 44

C) 782 432 670 521 78 43 983 12 76 84 33 672 543 791 5 6

66

Você encontrará abaixo várias palavras; leia-as uma por uma e, sem olhar, soletre-as (em ordem, diga as letras que compõem a palavra).

Exemplo: CORRIDA.

As letras que compõem essa palavra são: C – O – R – R – I – D – A.

1) CEGONHA

2) ALEGRIA

3) POSTURA

4) CASTANHA

5) CABELUDO

6) TORMENTA

7) PACIÊNCIA

8) RESPECTIVO

9) RESULTADO

10) SOLAVANCO

11) RESTAURANTE

12) HELICÓPTERO

13) PARLAMENTO

14) CAMPEONATO

15) SENSACIONAL

16) SUPERMERCADO

67

Memorize, durante aproximadamente 2 minutos, a idade de cada uma das pessoas abaixo. Na página seguinte, você terá de responder a uma série de perguntas.

MANUEL: 50	RAFAEL: 21
JOSEFINA: 63	ALINE: 35
RAFAELA: 13	CARMEN: 48
EDUARDO: 32	SAMUEL: 74

Sem olhar a página anterior, responda às seguintes perguntas:

1) Quem tem 35 anos?

....

2) Quantos anos tem Eduardo?

....

3) Quantos anos tem Carmen?

....

4) Quem tem 74 anos?

....

5) Quem tem 63 anos?

....

6) Quantos anos tem Manuel?

....

7) Quantos anos tem Rafael?

....

8) Quem tem 13 anos?

....

68

Escreva o nome de 20 coisas que podem ser encontradas na rua:

Poste...

....

....

....

....

....

....

Escreva o nome de 20 coisas que podem ser encontradas em um escritório:

Arquivo...

....

....

....

....

....

....

69

Escreva uma história curta com as quatro palavras abaixo:

Exemplo: Borboleta – Gerânio – Almoço – Caminho.

Estava a *caminho* do *almoço* quando vi uma *borboleta* muito bonita pousada em um *gerânio*.

Sorriso – Maria – Dia – Espetacular:

....

....

Natação – Tarde – Costas – Hora:

....

....

Lídia – Nove – História – Contente:

....

....

Historinha – Dormir – Filhos – Noite:

....

....

Sábado – Show – Grupo – Amigos:

....

....

70

Sublinhe a palavra que menos relação tenha com as demais:

Maçã → Pera → *Feijão* → Banana

Pulseira → Anel → Colar → Chapéu

Morango → Grão-de-bico → Feijão → Lentilha

Roraima → Tocantins → Europa → Pará

Canário → Gato → Periquito → Sabiá

Vermelho → Céu → Branco → Azul

Dedo → Mão → Gorro → Braço

Bola → Taco → Raquete → Bastão

Flauta → Dança → Violino → Violão

Espanhol → Inglês → Serra → Português

Cogumelo → Trigo → Aveia → Cevada

Faca → Mesa → Garfo → Colher

Peixeiro → Médico → Enfermeiro → Cirurgião

Ofício → Estojo → Almaço → Sulfite

Casa → Montanha → Sobrado → Apartamento

71

Monte a frase abaixo a partir de letras recortadas de revistas que tiver à sua disposição e cole neste papel. Se as letras forem coloridas, ficará ainda mais bonito.

"No verão passado passei 10 dias no Rio de Janeiro desfrutando da praia e 6 dias fazendo alpinismo nos morros."

72

Complete os seguintes ditados e explique o significado deles:

Em boca fechada ....

A bom entendedor ....

Diga-me com quem andas ....

Quem avisa ....

Quem cala ....

Nem tudo que reluz ....

Não se pode agradar ....

O sábio não se envergonha ....

A curiosidade matou ....

Há três coisas na vida que nunca voltam atrás ....

Vaso ruim ....

Dentro de cem anos ....

73

Responda às seguintes perguntas:

1) Descreva os diferentes trabalhos que você teve ao longo de sua vida e que idade tinha em cada um:

....

....

2) Escreva o nome de seus cunhados e cunhadas:

....

....

3) Escreva o nome de seus genros e noras:

....

....

4) Escreva o nome de seus netos e a data de nascimento de cada um:

....

....

74

Leia o texto abaixo durante aproximadamente 2 minutos. Depois, na página seguinte, responda às perguntas relacionadas ao texto, sem consultá-lo.

José é um rapaz muito responsável, trabalha todos os dias das 8 da manhã até as 15:30h. É programador em uma empresa de informática. Depois, almoça num restaurante perto do seu trabalho e mais tarde vai a um hospital para ensinar as crianças ali internadas. Então, durante a semana, no final da tarde, entre 17 e 19h, ele dá aula para as crianças doentes. Elas o adoram, já que José sempre faz piadas e é muito alegre. Às segundas-feiras, ensina Matemática; às terças, Espanhol; quartas, Inglês; quintas, Ciências; e nas sextas, Estudos Sociais. Nos fins de semana, ele descansa no apartamento em que mora com a noiva Verônica, os dois passeiam no parque e vão ao cinema, de vez em quando. No próximo verão, eles vão se casar e passarão a lua de mel em Veneza.

Responda às seguintes perguntas:

1) Como se chama o protagonista?

2) Qual é o seu horário de trabalho de manhã?

3) No que trabalha de manhã?

4) Onde almoça?

5) Onde trabalha à tarde?

6) Qual o seu horário à tarde?

7) Que matéria ele ensina às segundas-feiras?

Nas terças?

Nas quartas?

Nas quintas?

Nas sextas?

8) Com quem ele mora?

9) O que faz nos fins de semana?

10) Quando se casará?

11) Onde passará a lua de mel?

75

Desvende as seguintes charadas:

1) Minhas brancas camadas sob dourada capa abrigo, até a gente mais dura faço chorar comigo:

2) Quando chove eu sempre saio sem pôr nunca os pé pra fora:

3) Não tem perna, mas vai e vem; não tem língua, mas fala bem:

4) Fininha como cabelo, brilhante como uma espada, brinca na mão da mocinha, mas pelo pé amarrada:

5) Tenho quartos sem ser rica, nasço nova sem morrer, velo o sono e os namorados, encho a cara sem beber:

6) Sem entrar água, sem entrar vento, tem um poço de água dentro:

7) O que é que fica cheio de boca para baixo e vazio de boca para cima?

8) O que é que dá um pulo e se veste de noiva?

9) Todas as mães têm. Sem ele não tem pão. Some no inverno. Aparece no verão:

10) Qual é o bicho macho que tem dois pés e uma pata?

11) O que é formada pela luz, mas é escura, e entra na água e não se molha?

12) Sempre quietas, sempre agitadas, dormindo de dia, de noite acordadas:

76

Complete com vogais e consoantes para formar palavras:

C....LI....A

MA....T....L....

P....R....GR....F....

G....I....O

B....M....E....RO

F....I....AN....E

K....R....T....

T....L....GR....M....

P....T....C....

P....NT....N....

B....RB....C....A

C....G....M....L....

S....S....EI....A

O....IV....

C....R....AT....

PE....E....EC....

P....RS....A....A

VO....AN....E

I....F....L....Z

A....A....ELA....

Q....A....TO

R....DI....D....R

C....S....IN....

C....ST....N....A

E....EF....N....E

D....N....TI....O

77

Você encontrará abaixo diferentes frases; leia-as uma por uma e, sem olhar, repita-as, mas na ordem inversa.

Exemplo: A casa é azul.

A ordem inversa é: azul é casa a.

1) O telefone é vermelho

2) O menino é pequeno

3) A passagem é estreita

4) Os óculos são grandes

5) O cachorro é brincalhão

6) Este perfume cheira bem

7) O quadro é belo

8) O colar é de diamantes

9) O gorro é muito grande

10) A cadeira de André está quebrada

11) O pássaro de Maria é cinza

12) Hoje teve tempestade com vento

13) A polícia multou minha irmã

14) Minha pasta está cheia de notas

15) O azul é uma cor muito bonita

16) O gato do meu primo é branco

78

Escreva 20 palavras que terminem com **SO**:

Cremoso...

....

....

....

....

....

....

Escreva 20 palavras que terminem com **RO**:

Muro...

....

....

....

....

....

....

79

Observe os seguintes quadros durante aproximadamente 2 minutos. Na página seguinte, você encontrará dois quadros em branco e terá de pintar de preto os quadradinhos correspondentes.

Sem olhar para a página anterior, pinte de preto os quadradinhos corretos:

80

Realize as seguintes operações considerando o número que cada letra representa:

A = 8	B = 5	C = 9	D = 10	E = 12	F = 7	G = 20
H = 11	I = 4	J = 6	K = 22	L = 30	M = 3	N = 15

H + H + G =	M + I + N =	G + L + J =
I + K + L =	C + N + J =	H + A + E =
A + N + I =	G + D + B =	F + C + H =
B + D + G =	N + D + F =	N + I + K =
A + H + I =	A + H + A =	M + A + B =
B + L + A =	E + H + B =	C + J + L =
A + F + K =	J + A + C =	A + I + E =
J + L + M =	F + G + H =	D + F + K =

81

Escreva o nome de 20 flores ou plantas:

Rosa...

....

....

....

....

....

....

Escreva o nome de 20 estados ou capitais do Brasil:

Brasília...

....

....

....

....

....

....

82

A tabela abaixo apresenta 90 palavras, das quais 15 estão repetidas. Procure-as e anote-as na parte inferior da página.

CAVAR	CALAR	CRINA	COMPRA	CANELA	CANTEIRO
CORVO	CORPO	CINTO	CABANA	COSTA	CONTO
CASTIGO	COLO	CAMELO	CÉU	CARTA	CARA
CROSTA	CABELEIRA	CONTAR	CURAR	CANA	CAFÉ
CANA	CARINHO	CORAGEM	CALAU	CAVAR	CALABOUÇO
CINEMA	CAMOMILA	COMIDA	CAMISA	CIRANDA	CUME
CUIA	CLERO	CLARO	COLEGA	CERES	CRISTO
COLHER	CRIAR	COMBOIO	COBO	CRIA	CLERO
CANTAR	CASTIÇAL	CERTO	CRISÂNTEMO	CÍLIO	CERA
CAMISA	CIDRA	CORUJA	COMÉRCIO	CIDADE	CAMARIM
COIOTE	CARTILHA	COSER	CINTO	CENTENÁRIO	CONTAR
CLIMA	CONTO	CANTOR	COELHO	CORVO	CASEBRE
CAVALEIRO	CESTA	CARAPUÇA	CRENÇA	CRAVO	COLUNA
CABANA	COSTA	CABELO	CASA	CERIMÔNIA	CARA
CAIXA	CAFÉ	CARRO	CRIAR	CLARO	CANTAR

Você pode anotar aqui as 15 palavras repetidas:

....

....

83

Escreva 20 palavras que comecem com **LA** e terminem com **O**:

Lago...

....

....

....

....

....

....

Escreva 20 palavras que comecem com **RA** e terminem com **O**:

Rato...

....

....

....

....

....

....

84

Escreva o número 200 no centro; embaixo do segundo zero, escreva o número 1; em cima do 2, desenhe um quadrado; dentro do quadrado, desenhe um triângulo. Do lado direito do quadrado, desenhe duas caras sorrindo e, em cima da segunda cara, desenhe uma cruz e uma seta que aponte para a esquerda.

Desenhe três quadrados no centro; embaixo do segundo quadrado, desenhe um coração e, à esquerda do coração, escreva a palavra AMOR. Embaixo da letra R da palavra amor, desenhe um círculo com um triângulo dentro. Do lado direito do terceiro quadrado, desenhe uma cruz e, embaixo da cruz, uma seta que aponte para a direita e, do lado, um retângulo; por último, dentro do retângulo desenhe dois círculos.

85

Responda às seguintes perguntas:

A) Quando se celebra o Dia dos Namorados?

....

B) Quando se celebra o Dia da Independência?

....

C) Quando se celebra o Dia de Tiradentes?

....

D) Quando se celebra o Dia do Trabalho?

....

E) Quando se celebra o Natal?

....

F) Quando se celebra o Dia do Índio?

....

G) Quando se celebra a Confraternização Universal?

....

H) Quando se celebra o Dia das Crianças?

....

I) Quando se celebra a Proclamação da República?

....

J) Quando se celebra o Dia Mundial do Veganismo?

....

86

Quais são as 2 letras do alfabeto que faltam?

PJOLIRUJMYHOGBTFVEZCWSXQANOUON
EQSCVBPMLJRPOIUHGNFASNXECVBMJIRO
LPJTEWNGFHBIJMRIUCZSAQSWJLNOMGJ
HGYUFZNIOPLUYTESIQETWSZFGYHBVSM

Faltam as letras:

....

QAZWLXSDCRFVTUBYHNPJMIKOJMNYHP
IJRSQLADFCXZVBHUIOMJKTRSFUDWQAL
JPRSAJNBVCFDSRTXLAZOIPTJHKMNUTRF
VDRWQAZXLRTFDCUYIYTRFJHMNBVDPA

Faltam as letras:

....

MNBJOXZWLKAVGFDSAJIERTYUOPNIUV
TGFREDSUXZASIJPWLMKEUYTREDFGBFN
MKSIJAZXFRETYUPLJVGTRESVGFIDSJAM
NBJXZAEITUYPOLMKIVGTREDSJCIFRTIN

Faltam as letras:

....

87

Organize as seguintes frases:

38 Alice trabalha e anos de tem enfermeira

....

Travesso 9 de filho o muito é vizinha minha da anos

....

Queimou e ficamos a sala da escuras às lâmpada

....

Gatos fazem os em companhia cachorros os e muita casa

....

Treino dia ao da às de sete manhã todo Pedro comparece vôlei

....

Escola volta quando da faz dia de Heloísa todo lição a casa

....

Todo porque me estou chovendo cântaros a está e sem molhei guarda-chuva

....

88

Você encontrará abaixo diferentes frases; leia-as uma por uma e, sem olhar, repita-as, mas na ordem inversa.

Exemplo: A casa de Jesus é de esquina.

Na ordem inversa é: esquina de é Jesus de casa a.

1) A criança quebrou a câmera fotográfica.

2) Claudionor trabalha durante a tarde.

3) Cristiana é uma boa aluna.

4) Sexta é dia de *happy hour*.

5) Meu jardim está repleto de flores.

6) O supermercado sempre fecha às 22 horas.

7) Eu sempre aposto na loteria de Natal.

8) Carlos tem namorada há uns 2 anos.

9) Vou pintar toda a parede de azul-claro.

10) Ultimamente aqui só chove e faz frio.

11) No mês que vem farei um cruzeiro.

12) Este ano me fantasiarei de bruxa.

13) Minha filha tirou ótimas notas na escola.

14) Minha casa fica bem perto do trabalho e do centro.

15) Viajarei de férias para Paris durante 9 dias no verão.

16) Os pais lhe deram um carro de presente de aniversário.

89

Escreva o nome de 20 coisas que podem ser encontradas em uma bolsa:

Porta-níqueis...

....

....

....

....

....

....

Escreva o nome de 20 coisas que podem ser encontradas em uma festa:

Bolo...

....

....

....

....

....

....

90

Descubra quais são os sete números que se repetem.

60	107	83	71	126	118	101	63
64	97	104	82	129	68	111	72
99	69	87	124	94	67	78	88
89	117	112	102	105	120	122	76
70	62	119	73	116	127	86	82
90	79	132	125	131	61	113	66
68	77	80	106	95	85	104	91
81	110	103	96	100	74	117	98
115	65	121	108	130	123	90	77
93	84	131	75	92	109	128	114

Os números que se repetem são:

....

91

Escreva a palavra adequada a cada definição:

1) Embarcação pequena para pescar ou para traficar nas costas do mar ou para atravessar os rios:

2) Fio longo e fino de material têxtil, especialmente o que se usa para costurar:

3) Conjunto de muitas folhas de papel ou outro material semelhante que, encadernadas, formam um volume:

4) Recipiente de cozinha, geralmente de metal, de forma circular, pouco fundo e de cabo longo, que serve para fritar:

5) Móvel, geralmente de madeira, composto de uma ou várias tábuas lisas sustentadas por um ou vários pés, e que serve para comer, escrever, jogar ou outros usos:

6) Substância que se utiliza para dar bom odor:

7) Parte do corpo humano unida à extremidade do braço e que vai do punho até a ponta dos dedos:

8) Unidade monetária comum aos Estados da União Europeia:

9) Conjunto de aparelhos destinados a aquecer um edifício ou parte dele:

10) Peça de vestuário de tecido que cobre o torso, abotoada na frente, geralmente com colarinho e mangas:

92

Escreva 20 palavras que comecem com **FA** e terminem com **O**:

Famoso...

....

....

....

....

....

....

Escreva 20 palavras que comecem com **PE** e terminem com **A**:

Pessoa...

....

....

....

....

....

....

93

Memorize, durante aproximadamente 2 minutos, o cardápio semanal abaixo. Na página seguinte, você terá de responder às perguntas que dizem respeito ao cardápio.

SEGUNDA-FEIRA: feijão com arroz e farinha

TERÇA-FEIRA: macarrão ao sugo

QUARTA-FEIRA: panqueca de carne de soja

QUINTA-FEIRA: pimentão frito com cogumelos

SEXTA-FEIRA: sopa de ervilhas

SÁBADO: batatas assadas com azeite

DOMINGO: risoto

Sem olhar a página anterior, responda às seguintes perguntas:

1) Que dia se come pimentão frito com cogumelos?

....

2) O que tem para comer na terça-feira?

....

3) Que dia se come risoto?

....

4) O que tem para comer na sexta-feira?

....

5) Que dia se come feijão com arroz e farinha?

....

6) O que tem pra comer no sábado?

....

7) Que dia se come panqueca de carne de soja?

....

94

Desvende as seguintes charadas:

1) Qual é a coisa que quando você precisa dela, joga fora, e quando não precisa, a pega?

2) Eu trabalho noite e dia, se me derem o que fazer, nos dentes quero água, e na boca de comer:

3) Foi feita para impedir, também para deixar passar, meu dono pode me abrir que esse nunca vai roubar:

4) De casca verde ou amarela, muito azedo é o seu sabor, espremido com água e açúcar é refrescante no calor:

5) É agua e não vem do mar, nem da terra não nasceu, do céu ela não caiu e todo mundo já lambeu:

6) São 5 irmãos – 4 trabalham e 1 não:

7) O que é que pode passar diante do sol sem fazer sombra?

8) Quem só anda com as pernas atrás das orelhas?

9) Qual o prato que você nunca consegue fazer direito?

10) O que é que tem um palmo de pescoço, tem barriga e não tem osso?

95

Escreva uma história curta com as quatro palavras abaixo:

Exemplo: Borboleta – Gerânio – Almoço – Caminho.

Estava a *caminho* do *almoço* quando vi uma *borboleta* muito bonita pousada em um *gerânio*.

Azul – Céu – Janela – Casa:

....

....

Paula – Colégio – Oito – Dia:

....

....

Restaurante – Barata – Prato – Domingo:

....

....

Cores – Pássaro – Vizinho – Manhã:

....

....

Carta – Correio – Pedido – Livro:

....

....

Conte quantos desenhos há de cada:

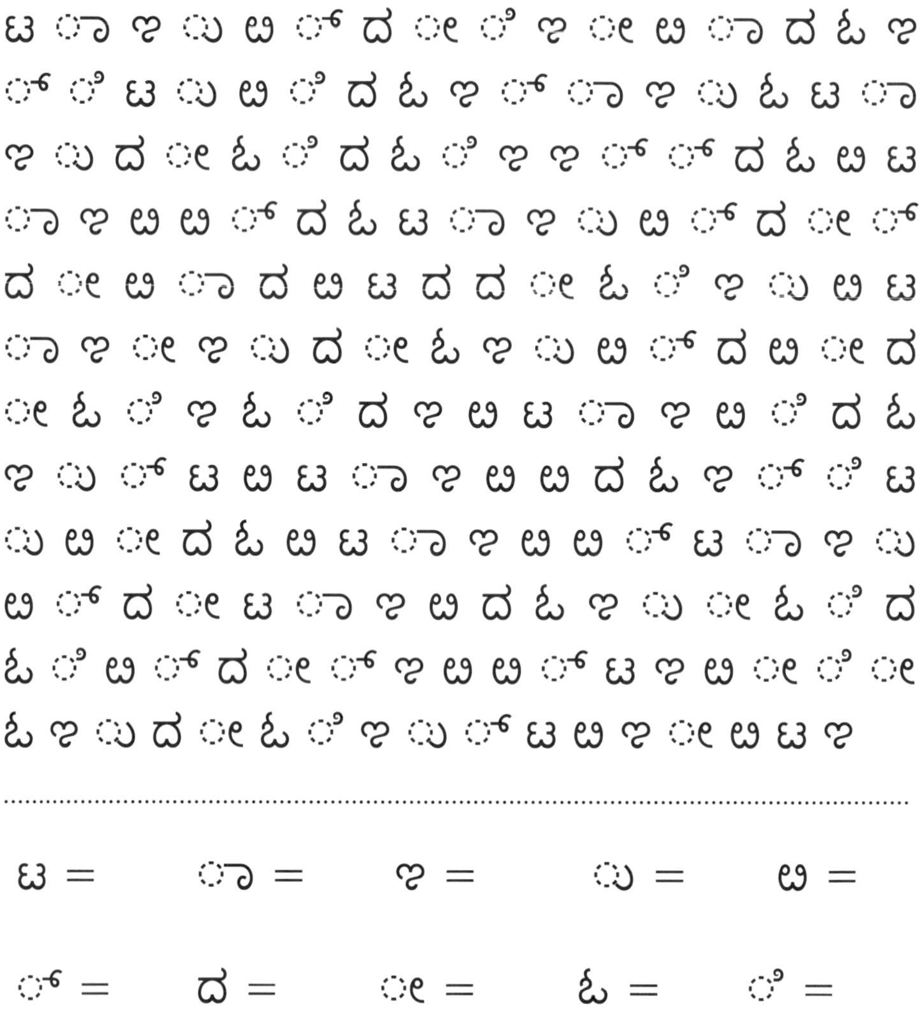

97

Realize as ações a seguir por meio de mímica (utilizando gestos):

1) Secar-se com uma toalha
2) Pintar
3) Escrever
4) Lavar pratos
5) Esfregar o chão
6) Respirar profundamente
7) Espremer uma laranja
8) Ler um livro
9) Pentear o cabelo
10) Correr as cortinas
11) Fazer uma massagem
12) Distribuir cartas
13) Remar em um bote
14) Apanhar chuva
15) Esquiar
16) Montar a cavalo
17) Olhar-se no espelho
18) Serrar
19) Fazer uma trança em si mesma
20) Aborrecer-se
21) Esconder-se
22) Colocar um colar
23) Pular corda
24) Acariciar

98

Ordene as palavras abaixo por ordem alfabética:

Riso, lama, lua, melado, leque, ilha, lápis, cachecol, sexta-feira, um, arena, piscina, norte, avião, estrutura, presunto, moeda, ponta, tenro, iate, serra, queijo, Silva, luva, golfinho, turrão, céu, gelo, duro, Ulisses.

1) ....

2) ....

3) ....

4) ....

5) ....

6) ....

7) ....

8) ....

9) ....

10) ....

11) ....

12) ....

13) ....

14) ....

15) ....

16) ....

17) ....

18) ....

19) ....

20) ....

21) ....

22) ....

23) ....

24) ....

25) ....

26) ....

27) ....

28) ....

29) ....

30) ....

99

Complete os seguintes ditados e explique o significado deles:

Antes tarde ....

Cada um com os seus ....

Aqui se faz ....

Cão que ladra ....

A suprema arte da guerra é ....

Água mole em pedra dura ....

Cada louco ....

Cada macaco ....

Melhor prevenir ....

Comigo não ....

A justiça tarda ....

O hábito não faz ....

100

Você encontrará abaixo uma série de números; leia-os e, sem olhar, ordene-os do maior para o menor.

Exemplo: 24-75-15.

Ordenados do maior para o menor: 75-24-15.

A) 76-32-37

B) 67-45-54

C) 23-54-34

D) 68-56-98

E) 55-13-93

F) 32-87-42

G) 92-17-28

H) 49-76-14

I) 3-56-45-89

J) 32-67-42-17

K) 56-98-27-11

L) 18-96-54-17

M) 32-64-18-76

N) 27-54-29-11

O) 19-15-72-98

P) 3-9-18-64

101

Leia o texto abaixo durante aproximadamente 2 minutos. Depois, na página seguinte, você terá de completar esse mesmo texto, sem consultá-lo, com as palavras que faltam.

No sábado passado, Lúcia fez 34 anos. Comemorou o aniversário com uma festança que durou a noite toda, e para a qual convidou amigos, conhecidos e familiares. Compareceram umas 60 pessoas. Foi combinado que todos os convidados teriam que levar algo de comer e beber, para compartilhar com os demais. Eles deveriam chegar a partir das 22:00h, mas já estavam avisados de que a festa entraria madrugada adentro, só terminando a altas horas. Uma orquestra foi contratada para tocar a noite toda, com repertório atual e sucessos mais antigos também, que Lúcia recordava com grande nostalgia. Ela ganhou um montão de presentes: roupas, joias, objetos para o seu novo apartamento etc., mas, sem dúvida, o presente que mais a encantou foi uma passagem de avião para o Taiti com todas as despesas pagas para uma estada de 5 dias. A festa acabou às 6 da manhã.

Escreva nos espaços em branco a palavra correta:

No ________ passado, ________ fez ________ anos. Comemorou o aniversário com uma festança que durou a noite toda, e para a qual ________ amigos, conhecidos e ________. ________ umas 60 pessoas. Foi ________ que todos os convidados teriam que ________ algo de ________ e ________, para compartilhar com os demais. Eles deveriam ________ a partir das ________, mas já estavam ________ de que a festa entraria madrugada adentro, só terminando a altas ________. Uma ________ foi contratada para tocar a noite toda, com ________ atual e ________ mais antigos ________, que Lúcia recordava com grande ________. Ela ________ um montão de presentes: roupas, ________, objetos para o seu novo ________ etc., mas, sem dúvida, o ________ que mais a encantou ________ uma ________ de ________ para o ________ com todas as despesas pagas para uma estada de ________. A festa acabou às ________ da manhã.

102

Monte a frase abaixo a partir de letras recortadas de revistas que tiver à sua disposição e cole neste papel. Se as letras forem coloridas, ficará ainda mais bonito.

"Quando vai para a escola, Susana leva 4 cadernos e 5 livros na mochila que seus pais lhe deram em seu aniversário de 14 anos."

103

Usando setas, relacione cada país com o continente em que ele se encontra:

Andorra	África
Egito	Américas
Filipinas	Américas
Canadá	África
Costa Rica	Europa
Ilhas Salomão	Oceania
Argentina	Ásia
Bélgica	Europa
Estados Unidos	Ásia
Etiópia	Oceania
Nova Zelândia	Américas
Camboja	África
Espanha	Europa
Quênia	Américas

104

Realize as seguintes operações considerando o número que cada símbolo representa:

☺ = 9	♫ = 6	☼ = 17	◙ = 11	◘ = 8
□ = 13	♪ = 15	♣ = 5	♠ = 7	♀ = 23

♫ + ☼ + ◘ + ♣ + ♪ =	□ + ☼ + ☺ + ◙ + ♀ =
♣ + ☺ + ☼ + ♠ + □ =	♀ + ♪ + ♠ + ◙ + ◘ =
◘ + ♫ + ☺ + ☼ + ♠ =	♪ + □ + ♣ + ☺ + ◘ =
◘ + ☼ + ♣ + ◙ + ☼ =	♫ + □ + ☺ + ♣ + ♫ =
♀ + ☺ + ♠ + ☼ + ◘ =	♀ + ☼ + ♠ + ☺ + ♣ =
♫ + □ + ☺ + ☼ + ◘ =	♣ + ◙ + ☼ + □ + ☺ =
□ + ☼ + ☺ + ♫ + ☺ =	◘ + ◙ + ☺ + ☼ + ♠ =
♪ + □ + ☼ + ☺ + ◘ =	◘ + ♫ + ☺ + □ + ♣ =
♫ + ☺ + □ + ♪ + □ =	☼ + ♫ + ◘ + ◘ + ☺ =
☼ + ♫ + ◘ + ♪ + □ =	□ + ☼ + ♫ + ☺ + ♣ =
♣ + ♪ + ♫ + ☺ + ☼ =	♀ + ♀ + ◘ + □ + ◙ =
♀ + ◘ + ☼ + ◘ + ☺ =	☼ + □ + ☺ + ♪ + □ =

105

Observe os seguintes quadros durante aproximadamente 2 minutos. Na página seguinte, você encontrará dois quadros em branco e terá de pintar de preto os quadradinhos correspondentes.

Sem olhar para a página anterior, pinte de preto os quadradinhos corretos:

106

Escreva 20 palavras que tenham **4 letras** e comecem com **C**:

Casa...

....

....

....

....

....

....

Escreva 20 palavras que tenham **4 letras** e comecem com **D**:

Dedo...

....

....

....

....

....

....

107

Encontre o símbolo que está sem par e desenhe-o no último espaço em branco:

#	&	«	æ	Ш	♣	難	Σ
¥	£	<	%	Д	Ф	ب	√
ي	ϴ	ٮ	أ	Ж	♠	@	⌂
Ø	Ώ	§	ђ	$	ώ	¥	∞
Φ	!!	∩	◊	ə	ۋ	壓	Δ
$	∞	æ	لإ	&	*	#	<
⌂	難	£	Δ	ч	Д	«	ب
Σ	∏	®	ϴ	∫	φ	Ø	!!
ي	∩	ə	√	ٮ	»	€	%
Ж	φ	♣	ۋ	M	Ш	壓	∫
ђ	◊	ч	*	♠	لإ	أ	ώ
Ώ	®	M	€	§	@	∏	ɞ
✌	🕯	ɞ	⊙	☼	♑	ɞ	❄
♑	☼	❄	✌	ɞ	🕯	⊙	

108

Escreva 100 palavras encadeadas, partindo da palavra "Carta" (a última sílaba deverá ser a primeira da palavra seguinte):

Carta – Tabaco – Coma – Mapa...

....

....

....

....

....

....

....

....

....

....

....

....

....

....

109

Encontre os números do 22 ao 147 que faltam. Quando os encontrar, escreva-os nos quadrados em branco. É mais fácil começar buscando pelos números por ordem: primeiro procure o 22, depois o 23 etc., até encontrar os que faltam.

28	83	69	50	32	91	42	75	26
56	109	43	94	105	63	110	99	85
87	117	98	113	22	122	53	38	51
33	64	49	82	129	60	108	68	74
107	120	133	139	41	135	48	103	34
44	76	23	143	132	92	125	95	79
101	128	146	61	118	31	114	65	40
39	70	52	142	121	100	126	24	71
104	131	86	147	140	138	89	84	119
27	77	73	35	66	145	45	134	54
93	115	137	123	136	57	111	102	36
55	59	141	46	81	130	72	47	62
78	37	124	112	25	97	67	116	90
30								

110

Você encontrará abaixo uma série de números; leia-os e, sem olhar, ordene-os do maior para o menor.

Exemplo: 58-72-17-64-96.

Ordenados do maior para o menor: 96-72-64-58-17.

A) 29-31-73-9-14

B) 81-37-19-22-65

C) 84-93-91-8-16

D) 16-19-71-53-32

E) 22-31-14-82-43

F) 29-32-51-13-89

G) 14-19-73-62-15

H) 51-71-43-13-26

I) 49-51-23-1-72

J) 9-7-71-95-32

K) 43-51-17-7-21

L) 32-41-73-13-9

M) 73-91-63-14-7

N) 45-12-89-62-5

O) 6-93-47-32-21

P) 23-14-67-78-30

111

Escreva o nome de 20 coisas que podem ser encontradas em uma praia:

Guarda-sol...

....

....

....

....

....

....

Escreva o nome de 20 coisas que podem ser encontradas em um salão de beleza/barbearia:

Xampu...

....

....

....

....

....

....

112

Responda às seguintes perguntas:

1) O que você lembra da atriz Marilyn Monroe?

....

....

....

2) Que lembrança você tem de novelas ao longo de sua vida?

....

....

....

3) O que você lembra da política no Brasil?

....

....

....

4) Que lembrança você tem da morte da Princesa Diana?

....

....

....

113

Escreva um sinônimo (palavra que tem o mesmo significado) das seguintes palavras:

Iniciar: ....

Bailar: ....

Visão: ....

Ouvir: ....

Aluno: ....

Professor: ....

Odor: ....

Rápido: ....

Presente: ....

Nunca: ....

Agitar: ....

Curar: ....

Regressar: ....

Pular: ....

Acabar: ....

Ébrio: ....

Combater: ....

Educar: ....

Recordar: ....

Norma: ....

Parar: ....

Raro: ....

Tímido: ....

Curto: ....

Cantar: ....

Tapar: ....

Triunfo: ....

Prévio: ....

114

Desenhe um triângulo no centro. Embaixo do triângulo, desenhe um círculo. Do lado esquerdo do círculo, desenhe um coração. Em cima do triângulo, desenhe uma cruz. Embaixo do círculo, escreva o número 10. Do lado direito da cruz, escreva uma letra M maiúscula. Por fim, do lado esquerdo do triângulo, desenhe uma cara sorrindo.

Desenhe um quadrado no centro, em cima dele um triângulo e, do lado esquerdo do triângulo, uma seta que aponte para cima. Embaixo do quadrado, escreva uma letra R maiúscula, do lado esquerdo dela um ponto de exclamação (!) e, do lado direito, um número 8. Embaixo do ponto de exclamação e da letra R, desenhe uma seta que aponte para a esquerda e, do lado esquerdo dela, um círculo. Escreva o número 2 de modo que a seta que aponta para cima fique embaixo dele. Por fim, desenhe dentro do quadrado um círculo pequeno.

115

Quais são as 2 letras do alfabeto que faltam?

PJOLIKUJMYHOGBRFVEDCWSXQAZOUOR
EQSCVBPMLJKPOIUHGRFASZXECVBMJIK
OLPJREWQGFHBKJMKIUCDSAQSWJLKOM
GJHGYUFDRIOPLKYRESIQERWSDFGYHBV

Faltam as letras:

....

QAZWSXEDCRFVTGBYHNUJMIKOJMNYHU
IJREQSADFCXZVBHUIOMJKTREFGDWQAS
JUREAJNBVCFDERTXSAZOIUNJHKMNGTR
FVDRWQAZXSRTFDCGYIYTRFJHMNBVDW

Faltam as letras:

....

MNBVOXZNLKAHGFDSAQWERTYUOPNSUH
TGFREDSUXZASWQPNLMKEUYTREDFGBVN
MKSWQAZXFRETYUPLVHGTRESHGFWDSQ
AMNBVXZAEWTUYPOLKNMKSHGTREDSVCS

Faltam as letras:

....

116

Complete as seguintes frases com o parentesco correspondente.

1) Marta é a .... do meu filho, portanto, é a minha nora.

2) Sara é a .... da minha irmã, portanto, é a minha sobrinha.

3) Manuel é o .... da minha filha, portanto, é o meu genro.

4) Teresa é a .... do meu irmão, portanto, é a minha cunhada.

5) Cristina é a .... da minha mãe, portanto, é a minha tia.

6) Laura é a .... da minha avó, portanto, é a minha tia-avó.

7) Carlos é o .... da minha irmã, portanto, é o meu cunhado.

8) André é o .... do meu marido, portanto, é o meu sogro.

9) Maria é a .... da minha avó, portanto, é a minha bisavó.

10) Rafael é o .... da minha mãe, portanto, é o meu avô.

11) Sofia é a .... do meu marido, portanto, é a minha sogra.

12) Carolina é a .... do meu tio, portanto, é a minha tia.

13) Josefa é a .... da minha mãe, portanto, é a minha avó.

14) Roberto é o .... da minha sobrinha, portanto, é o meu sobrinho.

117

Memorize bem esses sinais por aproximadamente 2 minutos. Na página seguinte, você terá de desenhá-los na mesma ordem (sem olhar). Para ficar mais fácil, você pode memorizá-los em grupos pequenos, e não tudo junto.
Por exemplo: ?@!, +$+ etc.

? @ ! + $ + / – @ #

@ ? ? – / + x $ % !

Memorize bem esses desenhos por aproximadamente 2 minutos. Na página seguinte, você terá de desenhá-los na mesma ordem (sem olhar). Para ficar mais fácil, você pode memorizá-los em grupos pequenos, e não tudo junto.

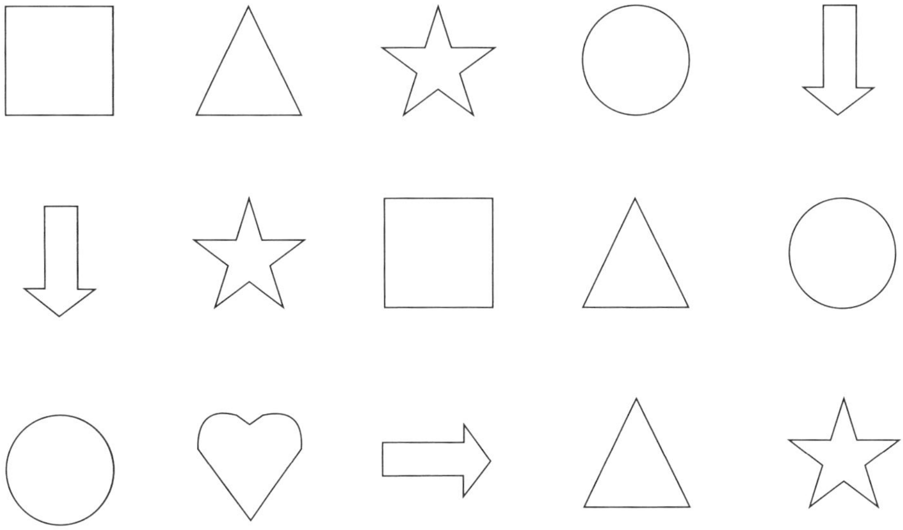

Sem olhar, desenhe corretamente os sinais da página anterior:

Sem olhar, desenhe corretamente os desenhos da página anterior:

118

Escreva uma história curta com as quatro palavras abaixo:

Exemplo: Borboleta – Gerânio – Almoço – Caminho.

Estava a *caminho* do *almoço* quando vi uma *borboleta* muito bonita pousada em um *gerânio*.

Rotina – Comida – Animais – Estudo:

....

....

Festa – Segunda-feira – Trabalho – Descanso:

....

....

Guarujá – Praia – Dez – Hotel:

....

....

Cachorro – Gato – Casa – Pátio:

....

....

Computador – Medicina – Trabalho – Loja:

....

....

119

Desvende as seguintes charadas:

1) O que é que, quando está branco, está sujo, e quando está preto, está limpo?

2) Quem é que sempre está com um nó na garganta?

3) O que é que com a cabeça fica mais baixo e sem a cabeça fica mais alto?

4) Falta numa casa para formar um casal:

5) No mato fica falando, em casa fica calado:

6) Qual é a flor que se escreve com todas as vogais?

7) Irmãos são, um vai à missa, outro não:

8) Não está dentro da casa nem fora dela, mas a casa não fica completa sem ela:

9) É bom para se comer, mas não se come assado nem cru, nem cozinhado:

10) São da cor de chocolate, amolecem com o calor, quando colocadas no forno, explodem com furor:

11) Quando a gente fica em pé ele fica deitado e quando a gente fica deitado ele fica em pé:

12) Sou mais vasto do que o mar e ninguém me pode ver, todo o mundo é meu lugar, sem mim não podes viver:

120

Complete com vogais e consoantes para formar palavras:

T....L....FO....E	CR....N....GR....M....
D....ST....U....D....R	TR....D....T....R
SU....E....ME....C....D....	F....RR....M....N....A
C....N....T....L....Ç....O	D....S....D....R....N....E
P....R....D....X....L	T....N....E....I....A
PR....M....R....A	A....IC....O....AL
M....RT....N....A....E	P....E....I....E....TE
SE....U....A....Ç....	MA....UI....G....M
N....SC....M...NT....	IN....O....M....Ç....O
PR....V....C....D....D....	C....MO....I....A
AD....I....I....T....A....O....	M....T....R....AL....S....O

121

A seguir, você encontrará uma série de sílabas sem significado; leia-as e, sem olhar, repita-as, porém ordenando-as alfabeticamente.

Exemplo: TAM-SOL-MEL.

Ordenadas: MEL-SOL-TAM.

1) PAN-RO-LES

2) GA-DO-LA

3) OS-LO-AS

4) LE-MIS-FE

5) MI-PEM-LO

6) LIS-TE-DO

7) ZAS-RE-CIS

8) GOS-LE-TI

9) PA-TI-NE-LO

10) RE-GA-LE-ZO

11) PA-CA-LIS-FE

12) MEL-TI-NA-BA

13) ZO-SI-TE-NA

14) MA-LIS-TE-RE

15) JO-LE-NA-SIS

16) NIR-TE-RO-DA

122

Escreva 20 palavras que tenham **4 letras** e comecem com **M**:

Mesa...

....

....

....

....

....

....

Escreva 20 palavras que tenham **4 letras** e comecem com **F**:

Foca...

....

....

....

....

....

....

123

Complete os seguintes ditados e explique o significado deles:

Quem ri por último ....

Se a carapuça ....

Inês é ....

Rei morto ....

Falar é mais fácil ....

Em Roma, como ....

Situações extremas requerem ....

Águas passadas ....

Não se consertam relógios com ....

Quem quer faz, quem não quer ....

O saber não ocupa ....

124

Ordene as palavras abaixo por ordem alfabética:

Estojo, redondo, túnel, amigo, abóbora, trem, alface, camareiro, pantera, **dente,** soma, coração, tenente, arroz, delta, lata, monte, gato, zoológico, rosca, **riso,** alto, nata, vista, barco, estufa, porta, donzela, fortuna, uva.

1) ....
2) ....
3) ....
4) ....
5) ....
6) ....
7) ....
8) ....
9) ....
10) ....
11) ....
12) ....
13) ....
14) ....
15) ....
16) ....
17) ....
18) ....
19) ....
20) ....
21) ....
22) ....
23) ....
24) ....
25) ....
26) ....
27) ....
28) ....
29) ....
30) ....

125

Realize as seguintes operações:

A = 7	B = 8	C = 10	D = 12	E = 14
F = 30	G = 24	H = 17	I = 6	J = 15

A + F – B + I – G =	H + F – D + F – C =	D + E – J + I – J =
C + B – A + J – I =	A + H – G + G – D =	A + E – I + D – I =
E + D – G + F – E =	C + D – C + B – E =	B + I – E + H – H =
A + A – D + I – B =	B + A – B + F – G =	G + I – H + B – E =
C + D – A + G – A =	F + G – E + D – F =	F + C – B + A – C =
F + E – C + J – D =	H + F – D + E – H =	A + B – C + D – A =
B + C – E + I – B =	B + H – G + F – I =	E + J – I + A – C =
H + D – G + A – D =	D + F – H + I – J =	H + J – I + A – B =
C + F – A + B – I =	A + G – B + J – B =	D + F – G + B – G =
B + G – C + H – J =	H + E – D + C – A =	A + I – D + B – A =
D + B – E + I – A =	A + H – I + E – D =	C + I – D + E – A =

126

Escreva 100 palavras encadeadas, partindo da palavra "Amigo" (a última sílaba deverá ser a primeira da palavra seguinte):

Amigo – Goteira – Ramalhete – Tesoura...

....

....

....

....

....

....

....

....

....

....

....

....

....

....

127

Sublinhe a palavra que menos relação tenha com as demais.

Maçã	→	Pera	→	*Feijão*	→	Banana
Teresópolis	→	Santos	→	Cabo Frio	→	Petrópolis
Iracema	→	Jandira	→	Ubirajara	→	José
Pedra	→	Areia	→	Toalha	→	Piche
Veadeiros	→	Araguaia	→	Amazonas	→	Tietê
Dedo	→	Unha	→	Boneca	→	Cabeça
Violino	→	Tambor	→	Lira	→	Guitarra
Ambiente	→	Entorno	→	Cerca	→	Meio
Holanda	→	França	→	Canadá	→	Espanha
Rubi	→	Ouro	→	Esmeralda	→	Safira
Pestana	→	Pupila	→	Íris	→	Córnea
Quati	→	Golfinho	→	Gato	→	Tubarão
Dicionário	→	Livro	→	Pasta	→	Revista
Louro	→	Café	→	Alecrim	→	Manjericão

128

Organize as letras abaixo para formar um nome de pessoa (feminino ou masculino):

1) SARAMI: ....

2) ROCAS: ....

3) RASETE: ....

4) DUCALIO: ....

5) ZIRATEB: ....

6) TOGUSUA: ....

7) AFERALA: ....

8) LOVISI: ....

9) CIARITAP: ....

10) OREGIS: ....

11) ETROGE: ....

12) BROTELA: ....

13) TREBARO: ....

14) ORLACEM: ....

129

Ordene os seguintes números, do menor para o maior:

A) 5.341 897 543 6.789 2.641 67 89 45 7.009 536 2 6 4.921 5

B) 90 43 8.008 5.643 789 123 654 769 3.452 1.289 980 361

C) 43 58 1.487 5.982 7.654 23 54 876 459 128 547 3.581 9 3

130

Partindo da palavra CARAMELO, forme 20 palavras com significado, utilizando as letras que precisar, mas sem repetir nenhuma:

CARAMELO

Lema...

....

....

....

....

....

Partindo da palavra MARIPOSA, forme 20 palavras com significado, utilizando as letras que precisar, mas sem repetir nenhuma:

MARIPOSA

Sopa...

....

....

....

....

....

131

Realize mentalmente as seguintes operações:

a) 59 + 30 – 20 + 19 – 15 + 50 – 12 + 17 – 12 + 30 =

b) 90 + 20 – 34 + 16 – 23 + 28 – 32 + 45 – 16 + 40 =

c) 78 + 29 – 34 + 56 – 25 + 60 – 52 + 38 – 40 + 68 =

d) 87 + 30 – 21 + 50 – 32 + 36 – 14 + 70 – 35 + 21 =

e) 95 + 27 – 35 + 37 – 12 + 20 – 42 + 57 – 28 + 30 =

f) 88 + 40 – 50 + 12 – 16 + 50 – 12 + 30 – 20 + 40 =

g) 55 + 55 – 20 + 37 – 27 + 38 – 42 + 19 – 13 + 35 =

h) 63 + 50 – 32 + 18 – 20 + 40 – 24 + 17 – 14 + 40 =

i) 75 + 35 – 17 + 27 – 42 + 19 – 11 + 50 – 21 + 32 =

j) 90 + 40 – 32 + 45 – 24 + 15 – 22 + 40 – 24 + 60 =

132

A seguir, você encontrará uma série de sílabas sem significado; leia-as e, sem olhar, repita-as, porém ordenando-as alfabeticamente.

Exemplo: SIM-ME-LA-TO-NO.

Ordenadas: LA-ME-NO-SIM-TO.

1) PAN-TE-SI-MO-ZA

2) RU-CA-ME-LA-NI

3) MA-NI-TE-LO-SA

4) TU-NI-MO-AR-TE

5) PA-LI-COS-MO-ZE

6) SE-TIS-LO-NO-MA

7) PA-RIS-CA-NE-TU

8) GRA-RI-DEL-LA-NI

9) TO-GI-CA-NO-SE

10) ME-RE-LA-GA-BO

11) SIS-FU-NE-JA-RO

12) RE-GO-LI-DE-CE

13) VI-HO-ME-TA-BE

14) ZA-LE-DE-SO-RI

15) GU-XA-NI-ME-SA

16) SE-TO-QUE-MA-RO

133

Escreva um sinônimo (palavra que tem o mesmo significado) das seguintes palavras:

Vontade: ....

Quente: ....

Economizar: ....

Escolher: ....

Morrer: ....

Botar: ....

Gelado: ....

Agravar: ....

Trigueiro: ....

Trabalhar: ....

Tolerante: ....

Bicho: ....

Néscio: ....

Adorno: ....

Avisar: ....

Cama: ....

Despencar: ....

Roupa: ....

Famoso: ....

Residência: ....

Enfeitiçar: ....

Alegre: ....

Levantar: ....

Beleza: ....

Pedaço: ....

Cara: ....

Coser: ....

Exemplo: ....

134

A tabela abaixo apresenta 90 palavras, das quais 15 estão repetidas. Procure-as e anote-as na parte inferior da página.

ROMA	RUGIR	RATO	RIFA	RASTA	ROTA
RENA	RAPA	RAIO	RAMA	REMO	ROER
RIMA	RITO	RUDE	RASO	RISO	RADIAL
REBOTE	RUMO	RUGA	RODO	REFÉM	RENDA
RAÇA	RAVE	RETINA	RONDA	RAFA	RAPTOR
RISCO	ROMBO	RIPA	RODAR	RALO	RABO
RAPOSA	RUFO	RADAR	RISTE	RUBI	RAMPA
RODA	RUMBA	RECADO	RAPÉ	ROMA	RACIAL
RIPA	RONCO	REMO	RAMO	ROUPA	RODA
REZA	RALA	ROUBAR	RAPTAR	ROSCA	ROLA
REGIÃO	RUÍDO	RISO	RISCA	RELVA	ROSA
RAFA	RUSGA	RIFA	RÍMEL	RETO	ROMEU
RETIRO	RATO	ROSA	ROSNAR	ROUCO	ROCA
RASO	ROTA	RUBI	RETO	REINAR	RUFO
RELEVO	RESTO	RALHAR	ROXO	RESPIRO	RAPÉ

Você pode anotar aqui as 15 palavras repetidas:

....

....

....

....

135

Escreva o nome de 20 coisas que podem ser **encontradas** em uma lanchonete:

Xícaras...

....

....

....

....

....

Escreva o nome de 20 coisas que podem ser **encontradas em** uma academia de ginástica:

Chuveiros...

....

....

....

....

....

136

Monte a frase abaixo a partir de letras recortadas de revistas que tiver à sua disposição e cole neste papel. Se as letras forem coloridas, ficará ainda mais bonito.

"Meu irmão, que tem 25 anos, tirou um 9 na prova de Matemática, um 8 em Química e um 7 em Biologia."

....

....

....

....

....

....

....

....

....

....

....

....

137

Descubra quais são os sete números que se repetem:

328	494	399	496	360	493	390	398
466	412	384	405	416	411	421	342
345	420	393	317	439	348	451	356
361	452	397	495	396	404	415	394
406	321	410	387	490	438	368	403
354	400	460	413	369	407	491	389
419	349	417	450	492	422	359	345
391	402	360	486	487	384	465	392
414	347	486	385	406	397	321	450
395	437	467	365	453	418	401	423

Os números que se repetem são:

....

....

138

Responda às seguintes perguntas:

1) Explique em algumas linhas que lembranças você tem do cantor Tim Maia: canções, sua vida etc.

....

....

2) Explique em algumas linhas que lembranças você tem da atriz e cantora Dercy Gonçalves: canções, filmes etc.

....

....

3) Explique em algumas linhas que lembranças você tem do ator e cantor Sidney Magal: canções, filmes etc.

....

....

4) Explique em algumas linhas que lembranças você tem da cantora Elis Regina: canções, sua vida etc.

....

....

139

Leia o texto abaixo durante aproximadamente 2 minutos. Depois, na página seguinte, você terá de completar esse mesmo texto, sem consultá-lo, com as palavras que faltam.

Jacinta, de 71 anos, está casada com Júlio, de 74 anos. Os dois vivem em uma cidadezinha muito bonita da Costa Brava. É o segundo casamento de Jacinta, que já foi casada durante 16 anos com Germano, mas eles se separaram há anos. Do primeiro marido, Jacinta tem dois filhos: Jesus e Ricardo, de 44 e 41 anos, respectivamente. Com seu atual marido, ela teve 4: Marisa, Noélia, Martinho e João. Marisa é a mais velha, tem 38 anos, Noélia, 36, Martinho, 31, e João, 27. Todos se casaram, menos João, que ainda está aproveitando a sua solteirice. Jacinta tem 6 netos: 2 são filhos de Jesus, 3 de Ricardo e 1 de Marisa. Ela gostaria que seus outros filhos também lhe dessem netos, já que ela adora crianças. Seu último neto, Marcos, nasceu antes do tempo e teve que passar duas semanas na incubadora, mas já está bem e em casa com os pais.

Escreva nos espaços em branco a palavra correta:

________, de 71 anos, está casada com ________, de ________. Os dois vivem em uma ________ muito bonita da Costa ________. É o segundo casamento de ________, que já foi ________ durante ________ anos com ________, mas eles se separaram há anos. Do primeiro marido, Jacinta tem dois filhos: ________ e Ricardo, de 44 e ________ anos, respectivamente. Com seu ________ marido, ela teve ________: Marisa, ________, Martinho e ________. ________ é a mais velha, tem ________ anos, ________, 36, Martinho, ________, e ________, 27. Todos se ________, menos ________, que ainda está aproveitando a sua ________. ________ tem ________ netos: 2 são filhos de ________, ________ de Ricardo e 1 de ________. Ela gostaria que seus outros ________ também lhe dessem ________, já que ela adora ________. Seu último ________, ________, nasceu antes do ________ e teve que passar ________ semanas na ________, mas já está ________ e em ________ com os pais.

140

Desvende as seguintes charadas:

1) O que é que mantém o mesmo tamanho, não importa o peso?

2) Qual é a coisa que se encontra uma vez num minuto, duas vezes num momento, e nenhuma vez no ano?

3) Costuma chegar na hora, às vezes vem de repente, quando vive dá trabalho, só morta fica contente:

4) Pequeno livro que só tem doze folhas, mas se leva um ano inteiro para ler:

5) O que é que atravessa o vidro sem quebrá-lo?

6) Tem cintura fina, perna alongada, toca corneta, leva bofetada:

7) Me diga quem é aquele que num instante se quebra se alguém diz o nome dele:

8) Eu tenho princípio e fim, mas também é verdade que, muito embora completa, eu fico sempre metade:

9) Semente preta, em terra mimosa, onde pousa deixa uma rosa:

10) É varinha de condão, que ao tocar numa caixinha, faz luz na escuridão:

11) Do trabalho somos símbolo, apontado com razão, mas ninguém gosta de nós, até veneno nos dão:

141

Quais são as 2 letras do alfabeto que faltam?

P J O L I K U J M Y H O G B T F V E D C W S X Q A N O U O N
E Q S C V B P M L J K P O I U H G N F A S N X E C V B M J I K
O L P J T E W N G F H B K J M K I U C D S A Q S W J L K
O M G J H G Y U F D N I O P L K Y T E S I Q E T W S D F G Y H B V S

Faltam as letras:

....

Q A Z W L X E D C R F V T G B Y H N P J M I K O J M N Y H
P I J R E Q L A D F C X Z V B H L I O M J K T R E F G D W Q A
L J P R E A J N B V C F D E R T X L A Z O I P T J H K M N G T
R F V D R W Q A Z X L R T F D C G Y I Y T R F J H M N B V D P A

Faltam as letras:

....

M N B J O X Z J L K A H G F D S A Q I E R T Y U O P N I U H T
G F R E D S U X Z A S I Q P J L M K E U Y T R E D F G B F N M
K S I Q A Z X F R E T Y U P L J H G T R E S H G F I D S Q A M
N B J X Z A E I T U Y P O L K J M K I H G T R E D S J C I F R T I

Faltam as letras:

....

142

Observe os seguintes quadros durante aproximadamente 2 minutos. Na página seguinte, você encontrará dois quadros em branco e terá de pintar de preto os quadradinhos correspondentes.

Sem olhar para a página anterior, pinte de preto os quadradinhos corretos:

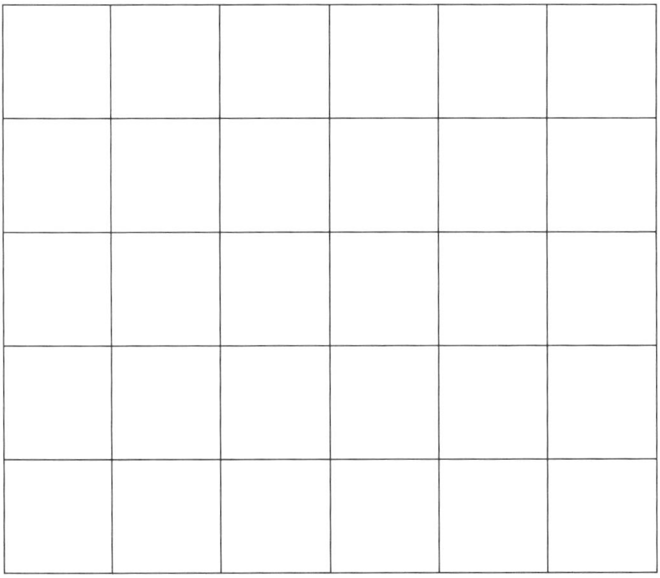

143

Realize mentalmente as seguintes operações:

a) 129 + 30 – 45 + 70 – 56 + 78 – 13 + 16 – 23 + 50 – 24 =

b) 459 + 35 – 26 + 28 – 32 + 70 – 50 + 32 – 16 + 40 – 20 =

c) 257 + 26 – 30 + 50 – 21 + 60 – 35 + 68 – 21 + 40 – 32 =

d) 360 + 36 – 70 + 80 – 21 + 45 – 65 + 87 – 32 + 17 – 13 =

e) 672 + 39 – 70 + 54 – 23 + 90 – 52 + 44 – 38 + 75 – 18 =

f) 580 + 38 – 60 + 27 – 51 + 82 – 30 + 43 – 19 + 70 – 60 =

g) 842 + 25 – 70 + 64 – 38 + 27 – 31 + 90 – 45 + 16 – 60 =

h) 931 + 30 – 27 + 80 – 32 + 60 – 20 + 17 – 50 + 28 – 15 =

i) 415 + 68 – 30 + 60 – 18 + 50 – 32 + 70 – 21 + 63 – 45 =

144

Escreva 100 palavras encadeadas, partindo da palavra "Ramo" (a última sílaba deverá ser a primeira da palavra seguinte):

Ramo – Moeda – Dano – Nome...

....

....

....

....

....

....

....

....

....

....

....

....

....

....

145

Escreva uma história curta com as quatro palavras abaixo:

Exemplo: Borboleta – Gerânio – Almoço – Caminho.

Estava a *caminho* do *almoço* quando vi uma *borboleta* muito bonita pousada em um *gerânio*.

Petrópolis – Vista – Sete – Sabão:

....

....

Tênis – Computador – Semana – Outubro:

....

....

Laura – Matemática – Pacote – Casa:

....

....

Recipiente – Banqueta – Jardim – Manhã:

....

....

Médico – Correto – Dor – Piscina:

....

....

146

Complete os seguintes ditados e explique o significado deles:

Mais vale um diabo conhecido ....

Mais vale um bom amigo ....

Quem espera ....

Quem semeia ventos ....

Não julgue os outros ....

A pressa é inimiga ....

Quem cria cobra ....

Depois da tempestade ....

Quem nunca pecou ....

Quem à boa árvore se acolhe ....

Roma não foi feita ....

O pior cego ....

147

Partindo da palavra FLAMINGO, forme 20 palavras com significado, utilizando as letras que precisar, mas sem repetir nenhuma:

FLAMINGO

Mola...

....

....

....

....

....

Partindo da palavra CABELUDO, forme 20 palavras com significado, utilizando as letras que precisar, mas sem repetir nenhuma:

CABELUDO

Bela...

....

....

....

....

....

148

Memorize bem os pares de palavras abaixo por aproximadamente 2 minutos. Na página seguinte, você terá de escrever a palavra que corresponde a cada par. Para ajudar a se lembrar, é útil memorizar os pares de palavras visualizando a imagem (imaginando-a).

Exemplo: visualize um rato dentro de um cesto. Quanto mais específica for a imagem que você imaginar, mais fácil será recordá-la.

Cesto – Rato

Céu – Espirro

Marinheiro – Gigante

Bola – Caixote

Dezembro – Surpresa

Caracol – Tornozelo

Carne – Morte

Olho – Lagarta

Mão – Esquilo

Computador – Cortina

Escreva ao lado de cada palavra seu respectivo par:

Carne: .... Caracol: ....

Bola: .... Mão: ....

Céu: .... Dezembro: ....

Marinheiro: .... Computador: ....

Olho: .... Cesto: ....

149

Organize as seguinte letras para formar uma palavra com significado:

1) ESUMU: ....

2) TACNO: ....

3) RELASOI: ....

4) ODUTORP: ....

5) CISIPAN: ....

6) ECLODIGU: ....

7) FRIODASER: ....

8) VERRISOAINA: ....

9) ONBORCA: ....

10) CRIMALE: ....

11) TIERCON: ....

12) LEFERXO: ....

13) LEHOJO: ....

14) TALASOG: ....

15) TERNAPA: ....

16) RATAMAON: ....

150

Escreva a palavra adequada a cada definição.

1) Espécie de caixa corrediça embutida em certos móveis, que se desliza para fora para abrir:

2) Caixa óssea em que está contido o encéfalo:

3) Peça subterrânea, às vezes abobadada, entre os alicerces de um edifício:

4) Vestígio, sinal ou indício de um acontecimento:

5) Grinalda de flores, de ramos ou de metal com que se cinge a cabeça como adorno, insígnia honorífica ou símbolo de dignidade:

6) Sentimento agradável e vívido que costuma se manifestar com sinais exteriores:

7) Em algumas religiões e culturas, substância espiritual e imortal dos seres humanos:

8) Peça mais ou menos esférica que se usa para puxar ou abrir portas e gavetas:

9) Tira longa de cabelo espiralada:

10) Curso de água impetuoso e de grande velocidade, que sobrevém em tempos de chuvas abundantes ou de rápidos degelos:

SOLUÇÕES

1. Autoavaliação.

2. ▲ = 15 ▼ = 14 ◀ = 16 ▶ = 14

↑ = 15 ↓ = 15 ← = 15 → = 13 ↕ = 20

3. *Animais:* gato, cachorro, coelho, cavalo, urso, tigre, leão, rato, vaca, ovelha, cobra, canário, águia, burro, galinha, pantera, rinoceronte, castor, golfinho, cabra, formiga.

Nomes de pessoa: Carmen, André, Mônica, Manuel, Vanessa, Alberto, Eduardo, Rafael, Rodrigo, Jacqueline, Lídia, Jesus, Miguel, Ana, Patrícia, Marcos, Raquel, Anderson, José, Diego, Felipe.

4. A) 1, 7, 10, 13, 17, 19, 23, 30, 33, 41, 45, 49, 54, 55, 63, 90, 92, 97, 99.

B) 1, 8, 12, 14, 15, 18, 20, 42, 45, 48, 50, 52, 62, 68, 69, 73, 86, 87, 97.

C) 5, 6, 12, 16, 18, 24, 25, 27, 30, 32, 37, 44, 55, 73, 75, 77, 85, 94, 99.

5. *Sala de jantar:* mesa, cadeira, estante, cristaleira, abajur, cortina, sofá, lâmpada, almofadas, tapete, poltrona, porta-revistas, mesa de centro, televisão, aparelho de som, aparelho de DVD, quadros, fotos, livros, revistas, interruptor.

Banheiro: banheira, chuveiro, cortina, escova de dente, pasta de dente, pente, sabonete, xampu, pia, torneira, toalha, espelho, bidê, algodão, cotonete, álcool, lâmina de barbear, espuma de barbear, perfume, desodorante, cesto de lixo.

6. 1) Lentilha; 2) Anel; 3) Fósforo; 4) Grampo; 5) Borracha; 6) Grampeador; 7) Estojo; 8) Sapato; 9) Livro; 10) Bola; 11) Computador; 12) Televisão; 13) Cadeira; 14) Mesa; 15) Geladeira; 16) Cama; 17) Armário; 18) Casa; 19) Estádio; 20) Sol.

7. Autoavaliação.

8. Autoavaliação.

9. *CA*: casa, cágado, caminho, cabeça, Carlos, campo, campanha, casto, cálido, cama, camisa, cara, careta, campeão, carisma, capa, carinho, canoa, calote, careta, caro.

ME: mesa, merluza, medula, média, metro, mediano, merenda, melão, menta, medalha, médico, mesquita, menor, meio, menino, mediterrâneo, mesmo, meigo, merecer, meta, mero.

10. Autoavaliação.

11. 1) Girassol; 2) Uva; 3) Aranha; 4) Canarinho; 5) Botão; 6) Livro; 7) Copa; 8) Caranguejo; 9) Dentes; 10) Açúcar.

12. Autoavaliação.

13. As letras que não possuem par são: I, P, J, S.

14. *Não tente abraçar o mundo com as pernas:* quem empreende muitas coisas ao mesmo tempo, geralmente, não desempenha nenhuma bem.

Casa de ferreiro espeto de pau: às vezes, falta uma coisa justo no lugar onde nunca deveria faltar.

Se a vida lhe der um limão, faça uma limonada: há que se saber suplantar os problemas da vida.

Pau que nasce torto nunca se endireita: não é fácil mudar o caráter.

Quem não tem cão caça com gato: quando falta algo, é preciso valorizar o que pode substituí-lo.

O peixe morre pela boca: é melhor ficar de boca fechada do que dizer coisas impensadas ou inadequadas que, ainda por cima, podem se voltar contra si próprio.

Palavras loucas, orelhas moucas: não dê atenção a quem diz tolices.

Duas cabeças pensam melhor do que uma: as coisas consultadas e revisadas em conjunto têm maior chance de saírem melhor.

Deus ajuda a quem cedo madruga: muitas vezes o êxito depende da rapidez.

Quem muito fala pouco faz: se aplica a quem fala muito e trabalha pouco.

Quem corre por gosto não cansa: quem faz algo por vontade própria, não se importa com os sacrifícios.

O mal dos outros é consolo de parvos: o que se deve buscar é a superação individual, não o consolo no fato de que há outros padecendo dos mesmos males.

15.

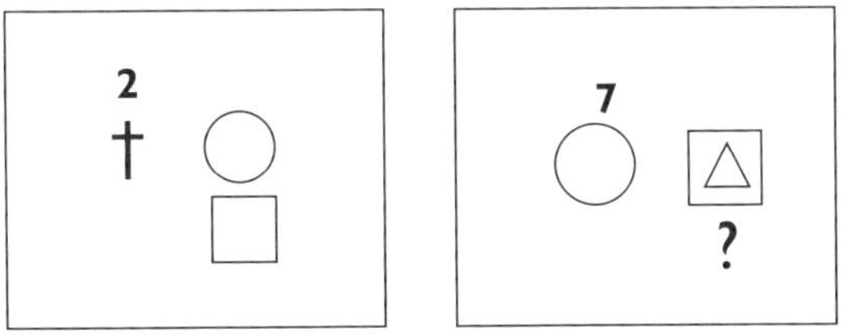

16. *Cidades:* Petrópolis, Feira de Santana, Manaus, Cascavel, Ouro Preto, Jundiaí, Vladivostoque, Marselha, Porto, Glasgow, Nápoles, Toronto, Cairo, Macau, Yokohama, Acapulco, Melbourne, Liverpool, Hamburgo, Genebra, Palm Springs.

Alimentos: macarrão, arroz, pão, maçã, salada, sopa, berinjela, morango, biscoito, chocolate, bolo, grão-de-bico, feijão, batata, uva, abóbora, pipoca, tapioca, polenta, castanha, farinha.

17. Acima: *abaixo*. Forte: *fraco*. Primeiro: *último*. Magro: *gordo*. Branco: *preto*. Ganhar: *perder*. Aumentar: *diminuir*. Louro: *moreno*. Rico: *pobre*. Otimista: *pessimista*. Rápido: *lento*. Longo: *curto*. Verdadeiro: *falso*. Igual: *diferente*. Alto: *baixo*. Sujo: *limpo*. Tedioso: *divertido*. Pequeno: *grande*. Baixar: *suspender*. Começar: *terminar*. Amar: *odiar*. Dia: *noite*. Seco: *molhado*. Alegre: *triste*. Frio: *quente*. Bom: *mau*. Próximo: *distante*. Cheio: *vazio*.

18. Autoavaliação.

19. Autoavaliação.

20. Tenho uma reunião muito importante às duas horas.

Na próxima quarta-feira tenho uma consulta com o oftalmologista.

Todo fim de semana vou à praia para tomar banho de sol.

Minha mãe me deu de presente um cachecol colorido.

A vasilha caiu no chão e se estilhaçou em mil pedaços.

Antônio trabalha todos os dias até as nove da noite.

Letícia tem duas irmãs mais velhas que ela e um irmão.

21.

65 + ***13*** = 78	83 + ***6*** = 89	38 + ***6*** = 44	11 + ***7*** = 18	53 + ***8*** = 61
85 + ***8*** = 93	52 + ***7*** = 59	25 + ***8*** = 33	90 + ***12*** = 102	65 + ***8*** = 73
26 + ***10*** = 36	98 + ***5*** = 103	19 + ***4*** = 23	12 + ***8*** = 20	48 + ***8*** = 56
19 + ***6*** = 25	38 + ***6*** = 44	55 + ***8*** = 63	30 + ***12*** = 42	89 + ***5*** = 94
27 + ***7*** = 34	77 + ***7*** = 84	20 + ***12*** = 32	91 + ***9*** = 100	12 + ***6*** = 18
16 + ***10*** = 26	97 + ***3*** = 100	18 + ***10*** = 28	26 + ***7*** = 43	17 + ***6*** = 23
93 + ***9*** = 102	14 + ***8*** = 22	72 + ***7*** = 79	95 + ***6***= 101	

22. 1) Formiga; 2) Dente; 3) Barata; 4) Xícara de café; 5) Relógio de pulso; 6) Lâmpada; 7) Mão; 8) Telefone; 9) Leque; 10) Monitor de tela plana; 11) Guarda-chuva; 12) Criado-mudo; 13) Perna; 14) Cadeira; 15) Bicicleta; 16) Carro; 17) Caminhonete; 18) Árvore; 19) Caminhão; 20) Baleia.

23. ☺ = 11 ☼ = 15 ♣ = 28 ♥ = 35 ♫ = 31

♀ = 38 ♪ = 24 ♂ = 16 ♠ = 10 ◘ = 16 ○ = 14

24. 1) Letra A; 2) Trovão; 3) Lápis; 4) Semáforo; 5) Chaminé; 6) Abelha; 7) Farol; 8) A avó; 9) Rato.

25. Autoavaliação.

26. Autoavaliação.

27. Ceará-Fortaleza; Paraná-Curitiba; Mato Grosso-Cuiabá; Pernambuco-Recife; Alagoas-Maceió; Rio Grande do Norte-Natal; Bahia-Salvador; Amapá-Macapá; Tocantins-Palmas; Santa Catarina-Florianópolis; Minas Gerais-Belo Horizonte; Roraima-Boa Vista; Piauí-Teresina; Espírito Santo-Vitória.

28. Autoavaliação.

29. *Peças de vestuário:* camiseta, sapato, camisa, saia, blusa, sandália, casaco, bota, bolsa, cachecol, calça, short, bermuda, cueca, sutiã, calcinha, lenço, echarpe, capa de chuva, tênis, meia.

Partes do corpo: mão, olho, boca, nariz, dente, língua, cabelo, pé, pescoço, cotovelo, coxa, seio, nádegas, joelho, perna, costas, orelha, sobrancelha, dedo, braço, tornozelo.

30. Os número que faltam são: 8, 14, 26, 32, 40, 61, 70, 79.

31. Faltam as letras: ***A***, ***C***.
Faltam as letras: ***X***, ***D***.
Faltam as letras: ***S***, ***E***.

32. *SU*: sudário, suçuarana, suma, sulco, Suécia, sumário, sucessão, subterrâneo, subir, suco, sujar, suplício, sucesso, superar, susto, sugar, sulfato, surto, suspeito, suricato, surreal.

PI: piano, pirilampo, piscina, pintar, piso, pisar, pimenta, pitoresco, pirulito, pirueta, picar, pino, Piauí, picolé, pista, pica-pau, pinote, pinha, pires, piscar, pingo,

33. Autoavaliação.

34. *Outono-Primavera-Verão:* são estações do ano.

Flauta-Trombeta-Tambor: são instrumentos musicais.

Feijão-Lentilha-Grão-de-bico: são vagens.

Maçã-Ameixa-Banana: são frutas.

Azul-Branco-Preto: são cores.

Camiseta-Saia-Calça: são roupas.

Elástico-Tiara-Grampo: são acessórios para os cabelos.

Banco-Sofá-Cadeira: são móveis para se sentar.

Jornal-Revista-Livro: são para ler.

Cachorro-Gato-Coelho: são animais.

A-E-I: são vogais.

Pulseira-Anel-Colar: são joias/bijuterias.

35. *Quarto:* cama, abajur, penteadeira, tapete, cortina, colcha, travesseiro, criado-mudo, despertador, espelho, cobertor, quadro, guarda-roupas, sapateira, cabide, chinelo, roupão, escova, camisola, pijama, cômoda.

Cozinha: frigideira, colher, panela, geladeira, micro-ondas, fogão, esponja, copo, garrafa, escorredor de macarrão, botijão de gás, faca, garfo, prato, xícara, chaleira, bule, açucareiro, purificador de água, cafeteira, liquidificador.

36. Autoavaliação.

37.

CABEÇA	MINA
MARGEM	SETA
FAROL	COLAR
TOTEM	PINTOR
RECADO	FANTASMA
MALETA	MESADA
NÉCTAR	CAMAROTE
REMOTO	REDONDO
TAMBOR	COMPRADOR
FALADOR	RAMALHETE

38. Autoavaliação.

39. ***Somar 2:*** 12-14-16-18-20-22-24-26-28-30-32
Somar 3: 17-20-23-26-29-32-35-38-41-44-47
Somar 4: 44-48-52-56-60-64-68-72-76-80-84
Subtrair 2: 74-72-70-68-66-64-62-60-58-56-54
Subtrair 3: 98-95-92-89-86-83-80-77-74-71-68
Subtrair 5: 64-59-54-49-44-39-34-29-24-19-14
Subtrair 6: 135-129-123-117-111-105-99-93-87-81
Somar 6: 110-116-122-128-134-140-146-152-158-164
Somar 4: 98-102-106-110-114-118-122-126-130-134-138
Subtrair 4: 81-77-73-69-65-61-57-53-49-45

40. *FR*: França, fradinho, frasco, fragrância, frente, fruta, framboesa, frenético, fritura, fragata, frio, fricção, fronteira, fraco, frisar, frota, Francisco, fracasso, fretar, fração, fronha.

BR: braço, bruma, brisa, brecha, brusco, brasão, brasa, brilhar, bruxa, bronze, bravo, brincar, bronca, Brasil, broca, brotar, brejo, brinquedo, britadeira, bruxulear, breque.

41. Autoavaliação.

42. 1) Uva; 2) Cereja; 3) Pinça; 4) Pinhão; 5) Cebola; 6) Gaita; 7) Banana; 8) Pepino; 9) Gorro; 10) Melão; 11) Vaso; 12) Prato; 13) Cabide; 14) Violino; 15) Banheira; 16) Moto; 17) Piano; 18) Trem; 19) Avião; 20) Montanha.

43. Autoavaliação.

44. *Mais sabe o diabo por ser velho do que por ser diabo:* uma pessoa sabe mais por sua experiência do que por seus conhecimentos.

A gente conta o milagre, mas não diz o nome do santo: pode-se falar sobre um erro, mas não sobre a pessoa que o comete.

Gosto é gosto, não se discute: toda pessoa tem direito a pensar com a própria cabeça e apreciar o que bem entende.

A esperança é a última que morre: quando pensamos que é muito difícil conseguir algo, sempre conservamos a ilusão que nos faz pensar que o que desejamos realmente pode ser alcançado.

Mais vale a astúcia do que a força: conseguimos melhores resultados com habilidade, destreza e calma do que com força e violência.

O olho do dono engorda o gado: convém que cada um cuide e vigie sua empresa ou comércio.

A paciência é a mãe da ciência: com paciência as coisas são conseguidas.

Mais vale um pássaro na mão do que dois voando: devemos conservar o que conseguimos e não arriscá-lo.

A cavalo dado não se olham os dentes: não se deve ser exigente com aquilo que nos é dado.

Não deixe para amanhã o que pode fazer hoje: há que se viver o presente realizando os anseios.

Não adianta chorar pelo leite derramado: enfrentar as consequências do que foi feito.

Deus escreve certo por linhas tortas: às vezes, algo negativo tem consequências positivas.

45. O símbolo que não possui par é: ↑

46. Autoavaliação.

47. ***15 de outubro:*** Dia do Professor; ***1º de janeiro:*** Dia Mundial da Paz; ***24 de junho:*** Dia de São João Batista; ***28 de outubro:*** Dia de São Judas Tadeu; ***25 de dezembro:*** Natal; ***20 de novembro:*** Dia da Consciência Negra; ***12 de outubro:*** Dia das Crianças; ***19 de novembro:*** Dia da Bandeira; ***8 de março:*** Dia Internacional da Mulher; ***23 de abril:*** Dia Mundial do Livro; ***30 de setembro:*** Dia da Secretária; ***9 de abril:*** Dia do Fico; ***12 de junho:*** Dia dos Namorados; ***1º de dezembro:*** Dia Internacional da Luta contra a Aids; ***29 de junho:*** Dia de São Pedro; ***1º de abril:*** Dia da Mentira; ***21 de setembro:*** Dia da Árvore.

48. Os números que se repetem são: 2, 13, 21, 34, 50, 65, 70.

49. Autoavaliação.

50.

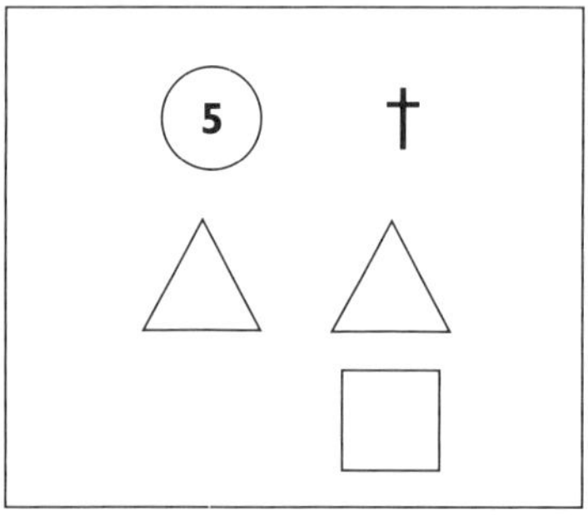

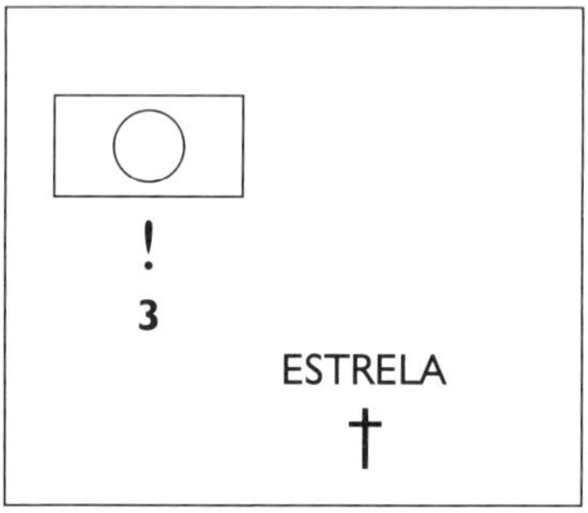

51. 1) Ferro de passar; 2) Chuva; 3) Cadeira; 4) Envelhecer; 5) Sono; 6) Guarda-chuva; 7) Pneu; 8) Eco; 9) Letra R; 10) Carvão; 11) Pão; 12) Casaco; 13) Chave.

52. A casinha era muito bonita e acolhedora.

O filme começou tarde e eu não gostei.

Ana está grávida de oito meses e meio.

Começou a chover muito e até a cair granizo.

Todo dia tomo banho logo depois que eu acordo.

Ponha a água para esquentar e jogue o arroz quando ferver.

Em setembro vou começar a estudar inglês na escola.

53. *Escola:* lápis, carteira, cadeira, giz, papel, caderno, computador, lixeira, bebedouro, caneta, livro, lousa, régua, compasso, transferidor, esquadro, fichário, laptop, apagador, borracha, apontador.

Supermercado: tomate, laranja, farinha, refrigerante, vinho, feijão, caixa registradora, sacola plástica, cebola, alho, óleo, vinagre, carrinho de compras, café, detergente, biscoito, pão de forma, arroz, ervilha, azeitona, sal.

54. Autoavaliação.

55. Árvore-Verde; Casa-Grande; Cabelo-Longo; Céu-Azul; Noite-Fria; Restaurante-Barato; Tela-Plana; Carro-Vermelho; Menino-Pequeno; Cachorro-Fiel; Sofá-Cômodo; Cílio-Postiço; Rosa-Vermelha; Mar-Agitado.

56. *TR*: trono, três, trenó, trigo, trono, trimestre, troço, tronco, triângulo, trança, trator, trufa, trapo, tropeçar, trompete, trincheira, triste, trinar, tribo, tripé, triturar.

CR: cromo, cruz, cratera, crisma, critério, cretino, cristal, Cristina, cronômetro, cremoso, crescer, crânio, cru, croquete, criar, Creta, crispar, crivo, crosta, Cristo, cravo.

57.

5 + ***14*** = 19	9 + ***21*** = 30	8 + ***9*** = 17
9 + ***5*** = 14	2 + ***13*** = 15	6 + ***9*** = 15
1 + ***25*** = 26	8 + ***15*** = 23	5 + ***13*** = 18
7 + ***6*** = 13	22 + ***17*** = 39	33 + ***14*** = 47
8 + ***19*** = 27	16 + ***7*** = 23	31 + ***15*** = 46
17 + ***12*** = 29	15 + ***25*** = 40	89 + ***12*** = 101
15 – ***6*** = 9	55 – ***13*** = 42	67 – ***12*** = 55
34 – ***13*** = 21	77 – ***14*** = 63	38 – ***13*** = 25
93 – ***7*** = 86	52 – ***5*** = 47	46 – ***5*** = 41
62 – ***19*** = 43	16 – ***12*** = 4	73 – ***5*** = 68
17 – ***10*** = 7	20 – ***6*** = 14	28 – ***14*** = 14
98 – ***12*** = 86	32 – ***7*** = 25	44 – ***13*** = 31

58. Faltam as letras: ***B***, ***F***.
Faltam as letras: ***I***, ***M***.
Faltam as letras: ***O***, ***Y***.

59. Concreto: *abstrato*. Paciência: *impaciência*. Maldito: *bendito*. São: *doente*. Transparente: *opaco*. Ordem: *desordem*. Velhice: *juventude*. Moderno: *antigo*. Interior: *exterior*. Sempre: *nunca*. Calado: *falador*. Nervoso: *relaxado*. Ativo: *inativo*. Amigo: *inimigo*. Leve: *pesado*. Guerra: *paz*. Trazer: *levar*. Oculto: *descoberto*. Pior: *melhor*. Corajoso: *covarde*. Rapidez: *lentidão*. Pagar: *cobrar*. Lucro: *prejuízo*. Pergunta: *resposta*. Saída: *entrada*. Obstruído: *desobstruído*. Recordar: *esquecer*. Final: *inicial*.

60. Ł = 18 ☼ = 17 ♣ = 21 Ł = 24 ಆ = 24

♀ = 31 ≥ = 18 ♂ = 14 ♠ = 14 ಖ = 18 ≤ = 14

61. *TA:* batata, barata, mata, muita, multa, batuta, biruta, fita, fruta, flauta, meta, bata, bota, cota, gruta, nota, lata, luta, rota, reta, seta.

NA: rena, cana, banana, cantina, botina, cafetina, cantilena, pena, cena, plana, dona, duna, fauna, fina, gana, gelatina, lona, semana, amena, mina, morna.

62. Autoavaliação.

63. Bélgica-Bruxelas; França-Paris; Noruega-Oslo; Cuba-Havana; Itália-Roma; Japão-Tóquio; Espanha-Madri; Grécia-Atenas; Brasil-Brasília; Portugal-Lisboa; Marrocos-Rabat; Índia-Nova Déli; Peru-Lima; Reino Unido-Londres.

64. 1) Genro; 2) Sogra; 3) Tia; 4) Sobrinha; 5) Avó; 6) Sogro; 7) Cunhado; 8) Tia-avó; 9) Bisavó; 10) Cunhada; 11) Avô; 12) Tia; 13) Nora.

65. A) 900, 765, 659, 657, 234, 135, 123, 78, 45, 38, 32, 19, 12, 11, 8, 5, 4.

B) 986, 890, 654, 341, 271, 82, 67, 60, 54, 47, 44, 30, 23, 15, 13, 9, 2, 1.

C) 983, 782, 791, 672, 670, 543, 521, 84, 78, 76, 43, 33, 12, 6, 5.

66. Autoavaliação.

67. Autoavaliação.

68. *Rua:* poste, carro, placa, bicicleta, vitrine, lixeira, bituca, semáforo, faixa, asfalto, calçada, hidrante, árvore, banco, motocicleta, meio-fio, canteiro, telefone público, cartaz, loja.

Escritório: arquivo, computador, telefone, máquina de xerox, papel, caneta, máquina de café, mesa, cadeira, bloco, pasta, grampeador, clipe, impressora, condicionador de ar, planilha, formulário, quadro de aviso, fichário, organizador, gaveta.

69. Sorriso-Maria-Dia-Espetacular: *Maria* abriu a janela e deu um *sorriso* ao constatar que o *dia* estava brilhando com um sol *espetacular*.

Natação-Tarde-Costas-Hora: Pela *hora*, Felipe percebeu que chegaria *tarde* na competição de *natação* e perderia a prova de nado de *costas*.

Lídia-Nove-História-Contente: *Lídia* tirou um *nove* na prova de *História* e ficou muito *contente*.

Historinha-Dormir-Filhos-Noite: Lílian sempre conta uma *historinha* para os *filhos* à *noite*, antes de eles irem *dormir*.

Sábado-Show-Grupo-Amigos: No *sábado* passado, Cristina foi a um *show* com um *grupo* de *amigos*.

70. Pulseira-Anel-Colar-**Chapéu**

Morango-Grão-de-bico-Feijão-Lentilha

Roraima-Tocantins-**Europa**-Pará

Canário-**Gato**-Periquito-Sabiá

Vermelho-**Céu**-Branco-Azul

Dedo-Mão-**Gorro**-Braço

Bola-Taco-Raquete-Bastão

Flauta-**Dança**-Violino-Violão

Espanhol-Inglês-**Serra**-Português

Cogumelo-Trigo-Aveia-Cevada

Faca-**Mesa**-Garfo-Colher

Peixeiro-Médico-Enfermeiro-Cirurgião

Ofício-**Estojo**-Almaço-Sulfite

Casa-**Montanha**-Armazém-Apartamento

71. Autoavaliação.

72. *Em boca fechada não entra mosca:* destaca o benefício da moderação em nossos comentários.

A bom entendedor meia palavra basta: devemos compreender o sentido ou o significado de um fato ou mensagem quando as evidências são suficientes ou claras.

Diga-me com quem andas e eu te direi quem és: personalidades parecidas tendem a se agrupar.

Quem avisa amigo é: distingue entre advertência e ameaça.

Quem cala consente: a falta de objeção indica um acordo tácito.

Nem tudo que reluz é ouro: as aparências enganam.

Não se pode agradar a gregos e troianos: há sempre diversas opiniões e interesses entre pessoas diferentes.

O sábio não se envergonha de mudar de opinião: devemos saber corrigir más condutas ou decisões equivocadas.

A curiosidade matou o gato: não devemos nos meter onde não somos chamados porque isso pode nos trazer problemas.

Há três coisas na vida que nunca voltam atrás: a flecha lançada, a palavra pronunciada e a oportunidade perdida.

Vaso ruim não quebra: é difícil erradicar o mal.

Dentro de cem anos estaremos todos mortos: devemos relativizar a importância das situações presentes.

73. Autoavaliação.

74. Autoavaliação.

75. 1) Cebola; 2) Caracol; 3) Carta; 4) Agulha; 5) Lua; 6) Coco; 7) Chapéu; 8) Pipoca; 9) O til; 10) Pato; 11) Sombra; 12) Estrelas.

76.

COLINA	OGIVA
MARTELO	CORDATO
PARÁGRAFO	PERERECA
GRILO	PERSIANA
BOMBEIRO	VOLANTE
FRISANTE	INFELIZ
KARATÊ	AMARELAR
TELEGRAMA	QUARTO
PETECA	RADIADOR
PÂNTANO	CASSINO
BARBICHA	CASTANHA
COGUMELO	ELEFANTE
SUSPEITA	DONATIVO

77. Autoavaliação.

78. *SO*: cremoso, ganso, insosso, tenso, mentiroso, peso, piso, aviso, acaso, abuso, amistoso, confuso, denso, escasso, inverso, sucesso, teso, osso, harmonioso, passo, gesso.

RO: muro, touro, coro, raro, caro, poro, puro, tiro, agulheiro, aro, desamparo, desfiladeiro, euro, filtro, suspiro, calouro, disparo, carro, espirro, emplastro, zero.

79. Autoavaliação.

80.

H + H + G = 42	M + I + N = 22	G + L + J = 56
I + K + L = 56	C + N + J = 30	H + A + E = 31
A + N + I = 27	G + D + B = 35	F + C + H = 27
B + D + G = 35	N + D + F = 32	N + I + K = 41
A + H + I = 23	A + H + A = 27	M + A + B = 16
B + L + A = 48	E + H + B = 28	C + J + L = 45
A + F + K = 37	J + A + C = 23	A + I + E = 24
J + L + M = 39	F + G + H = 38	D + F + K = 39

81. *Flores ou plantas:* rosa, margarida, gardênia, violeta, orquídea, gerânio, cravo, camélia, samambaia, lírio, crisântemo, dália, gérbera, girassol, miosótis, alfazema, lilás, gravatá, jasmim, hortênsia, vitória-régia.

Estados ou capitais do Brasil: Brasília, Bahia, Espírito Santo, São Paulo, Minas Gerais, Ceará, Alagoas, Paraná, Pernambuco, Amazonas, Acre, Santa Catarina, Sergipe, Porto Alegre, Campo Grande, Palmas, Belém, Natal, Roraima, Macapá, Porto Velho.

82. As 15 palavras repetidas são: cavar, conto, corvo, cara, costa, cana, cantar, camisa, cabana, clero, claro, café, cinto, criar, contar.

83. *LA/O:* lago, lagarto, laço, lampejo, lastro, largo, laticínio, lamento, lacônico, lânguido, lampião, lavradio, laudo, laico, latifúndio, lábaro, lábio, lavabo, labirinto, ladrão, lacaio.

RA/O: rato, raquítico, rabino, rabisco, racionamento, raciocínio, racismo, radicado, radiodifusão, radiológico, radioso, raiado, raio, raivoso, ralo, ramo, rabo, rancho, rancoroso, rapto, raro, raspão, rasurado.

84.

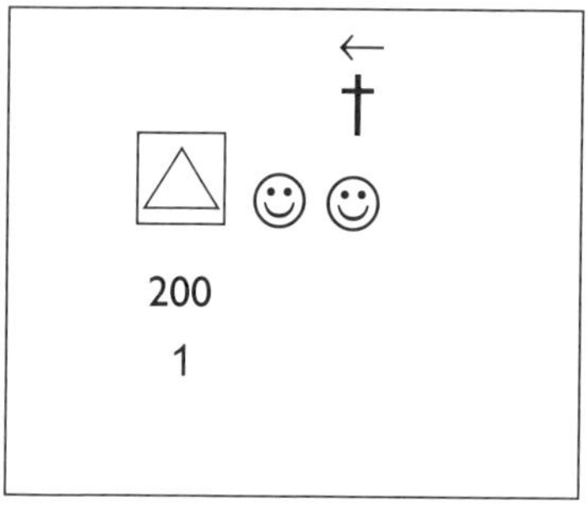

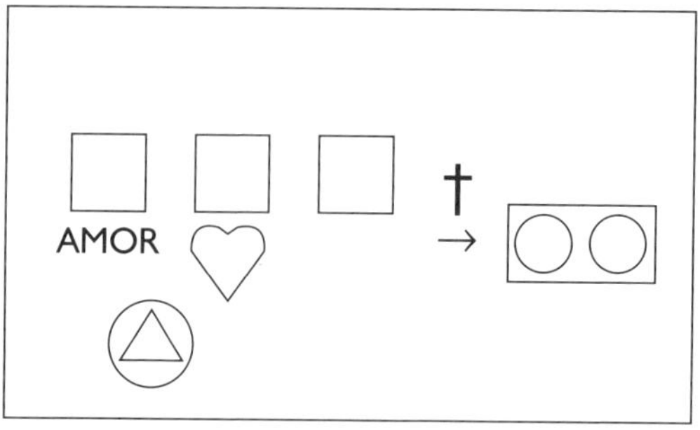

85. A) 12 de junho; B) 7 de setembro; C) 21 de abril; D) 1° de maio; E) 25 de dezembro; F) 19 de abril; G) 1° de janeiro; H) 12 de outubro; I) 15 de novembro; J) 1° de novembro.

86. Faltam as letras: ***D***, ***K***.
Faltam as letras: ***E***, ***G***.
Faltam as letras: ***H***, ***Q***.

87. Alice tem 38 anos e trabalha de enfermeira.

O filho de 9 anos da minha vizinha é muito travesso.

A lâmpada da sala queimou e ficamos às escuras.

Os cachorros e os gatos fazem muita companhia em casa.

Pedro comparece ao treino de vôlei todo dia às sete da manhã.

Heloísa faz todo dia a lição de casa quando volta da escola.

Me molhei todo porque está chovendo a cântaros e estou sem guarda-chuva.

88. Autoavaliação.

89. *Bolsa:* porta-níqueis, batom, cédula de dinheiro, moeda, cartão de crédito, carteira, lenço, chave, chaveiro, espelho, escova, pente, carteira de motorista, carteira de identidade, óculos, caneta, porta-níqueis, estojo de maquiagem, remédio, isqueiro, cigarros.

Festa: bolo, prato, garfo, faca, balão, copo, refrigerante, vela, presente, brinquedo, enfeite, toalha, cadeira, mesa, máquina fotográfica, doces, chapéu de festa, música, língua de sogra, sorvete, palhaço.

90. Os números que se repetem são: 68, 77, 82, 90, 104, 117, 131.

91. 1) Barca; 2) Linha; 3) Livro; 4) Frigideira; 5) Mesa; 6) Perfume; 7) Mão; 8) Euro; 9) Calefação; 10) Camisa.

92. *FA/O*: famoso, factício, favorito, fato, facão, fabricado, farto, facho, fatídico, farrapo, fardo, faminto, faisão, falcão, falido, fabuloso, falso, famigerado, faltoso, fanático, farpado.

PE/A: pessoa, pena, persiana, pestana, pecha, pediatra, pedagogia, pedreira, perturbada, penhorada, persuasiva, perfeita, pedida, perdida, pedraria, pergunta, pelanca, película, pelota, penada, penca.

93. Autoavaliação.

94. 1) Âncora; 2) Moinho; 3) Porta; 4) Limão; 5) Lágrima; 6) Pneus do carro; 7) Vento; 8) Óculos; 9) Torta; 10) Garrafa.

95. Azul-Céu-Janela-Casa: Pela *janela* de *casa*, vislumbro uma nesga de *céu azul*.

Paula-Colégio-Oito-Dia: No *dia oito*, *Paula* não foi ao *colégio* porque era seu aniversário.

Restaurante-Barata-Prato-Domingo: No *domingo*, li que um cliente encontrou uma *barata* no *prato* e vai processar o *restaurante*.

Cores-Pássaro-Vizinho-Manhã: Nas *manhãs* ensoladaras, as *cores* do jardim ficam mais nítidas e o *pássaro* de meu *vizinho* canta mais alto.

Carta-Correio-Pedido-Livro: Quinze dias depois, o *correio* me entregou o *livro* que eu havia *pedido*, que veio acompanhado da nota fiscal e de uma *carta* da editora se desculpando pela demora da entrega.

96.

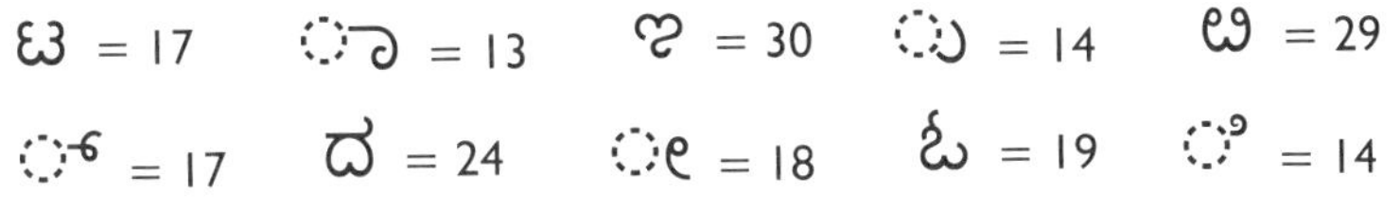

97. Autoavaliação.

98.

1) Arena
2) Avião
3) Cachecol
4) Céu
5) Duro
6) Estrutura
7) Gelo
8) Golfinho
9) Iate
10) Ilha
11) Lama
12) Lápis
13) Leque
14) Lua
15) Luva
16) Melado
17) Moeda
18) Norte
19) Piscina
20) Ponta
21) Presunto
22) Queijo
23) Riso
24) Serra
25) Sexta-feira
26) Silva
27) Tenro
28) Turrão
29) Ulisses
30) Um

99. *Antes tarde do que nunca:* devemos dar valor ao que conseguimos, mesmo que não tenha chegado no momento oportuno.

Cada um com os seus problemas: cada um deve ser responsável por seus próprios atos.

Aqui se faz, aqui se paga: as más ações têm consequências para os próprios autores.

Cão que ladra não morde: diz-se daquela pessoa que mostra uma personalidade ou atitude decidida de que, na verdade, carece.

A suprema arte da guerra é derrotar o inimigo sem lutar: sempre é preferível evitar os conflitos.

Água mole em pedra dura tanto bate até que fura: a constância e a perseverança acabam por ser recompensadas.

Cada louco com sua mania: o interesse individual persiste a despeito do interesse de terceiros ou considerações adicionais.

Cada macaco no seu galho: indica que as pessoas devem unir-se com outras de sua mesma classe.

Melhor prevenir do que remediar: pode-se evitar muito trabalho tomando-se precauções.

Comigo não, violão: indica recusa a cair num engodo.

A justiça tarda, mas não falha: a seu tempo, todos serão julgados por seus atos. Se alguém agir mal, cedo ou tarde chegará o momento de pagar por seus erros.

O hábito não faz o monge: as aparências apenas não são suficientes.

100. Autoavaliação.

101. Autoavaliação.

102. Autoavaliação.

103. Andorra-Europa; Egito-África; Filipinas-Ásia; Canadá-Américas; Costa Rica-Américas; Ilhas Salomão-Oceania; Argentina-Américas; Bélgica-Europa; Estados Unidos-Américas; Etiópia-África; Nova Zelândia-Oceania; Camboja-Ásia; Espanha-Europa; Quênia-África.

104.

♫ + ☼ + ◘ + ♣ + ♪ = 51	□ + ☼ + ☺ + ◙ + ♀ = 73
♣ + ☺ + ☼ + ♠ + □ = 51	♀ + ♪ + ♠ + ◙ + ◘ = 64
◘ + ♫ + ☺ + ☼ + ♠ = 47	♪ + □ + ♣ + ☺ + ◘ = 50
◘ + ☼ + ♣ + ◙ + ☼ = 58	♫ + □ + ☺ + ♣ + ♫ = 39
♀ + ☺ + ♠ + ☼ + ◘ = 64	♀ + ☼ + ♠ + ☺ + ♣ = 61
♫ + □ + ☺ + ☼ + ◘ = 53	♣ + ◙ + ☼ + □ + ☺ = 55
□ + ☼ + ☺ + ♫ + ☺ = 54	◘ + ◙ + ☺ + ☼ + ♠ = 52
♪ + □ + ☼ + ☺ + ◘ = 62	◘ + ♫ + ☺ + □ + ♣ = 41
♫ + ☺ + □ + ♪ + □ = 56	☼ + ♫ + ◘ + ◘ + ☺ = 48
☼ + ♫ + ◘ + ♪ + □ = 59	□ + ☼ + ♫ + ☺ + ♣ = 50
♣ + ♪ + ♫ + ☺ + ☼ = 52	♀ + ♀ + ◘ + □ + ◙ = 78
♀ + ◘ + ☼ + ◘ + ☺ = 65	☼ + □ + ☺ + ♪ + □ = 67

105. Autoavaliação.

106. *4 letras/C:* casa, cabo, cota, cubo, cume, cimo, cada, cedo, cela, cola, calo, cama, como, copo, cipó, capa, copa, cepa, cera, cotó, capô.

4 letras/D: dedo, Deus, dado, dano, dono, duro, duna, dama, diva, dote, domo, dele, doze, dito, dose, data, dali, doca, doce, dodó, dois.

107. O símbolo que está sem par é: »

108. Carta, tabaco, coma, mapa, palito, toalha, lhama, mata, tamanho, nhoque, quebrado, doçura, rama, major, jornada, dado, doze, zelador, dormente, temerário, obeso, solar, largo, gota, tabuleiro, rocha, chave, vedete, telescópio, ovo, você, cênico, comédia, alarme, meteoro, roda, dano, nocaute, telefone, nevasca, cavalo, lobotomia, atômico, colorido, domingo, governo, nora, radial, alquimia, acolá, lápis, piscina, natureza, zagueiro, robalo, lobo, bovino, novembro, broto, topo, potro, trovejar, jarro, rodada, datilógrafo, folículo, local, calmo, moleque, quebranto, toca-fitas, tasca, cacho, chocolate, telepatia, areal, alce, celibatário, odor, dorsal, salsa, salinidade, detonar, narval, valquíria, alicerce, cena, naco, colibri, briga, garoa, atirador, dormitório, oblíqua, quase, semana, natalino, novo, vocal, calculadora, ralé, léxico, comadre, dreno.

109. Os números que faltam são: 29, 58, 80, 88, 96, 106, 127, 144.

110. Autoavaliação.

111. *Praia:* guarda-sol, areia, mar, concha, bola, protetor solar, óculos escuros, toalha, prancha de surfe, maiô, biquíni, calção, sunga, sandália, balde, espreguiçadeira, boia, sorvete, frisbee, frescobol, sol.

Salão de beleza/barbearia: xampu, cadeira, espelho, secador de cabelo, tesoura, escova, pente, grampo, pinça, condicionador, barbeador, toalha, tintura, pincel, *bobs*, maquiagem, esmalte, bacia, acetona, alicate de unha, algodão.

112. Autoavaliação.

113. Iniciar: *começar*. Bailar: *dançar*. Visão: *vista*. Ouvir: *escutar*. Aluno: *estudante*. Professor: *mestre*. Odor: *cheiro*. Rápido: *veloz*. Presente: *atual*. Nunca: *jamais*. Agitar: *sacudir*. Curar: *sarar*. Regressar: *retornar*. Pular: *saltar*. Acabar: *terminar*. Ébrio: *bêbado*. Combater: *lutar*. Educar: *ensinar*. Recordar: *lembrar*. Norma: *regra*. Parar: *deter*. Raro: *incomum*. Tímido: *acanhado*. Curto: *breve*. Cantar: *entoar*. Tapar: *cobrir*. Triunfo: *vitória*. Prévio: *anterior*.

114.

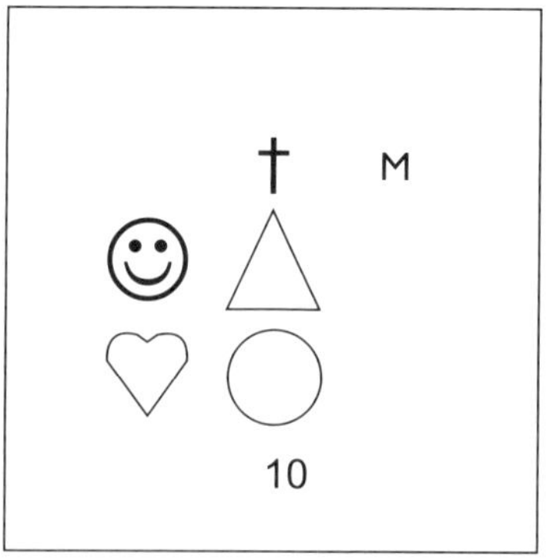

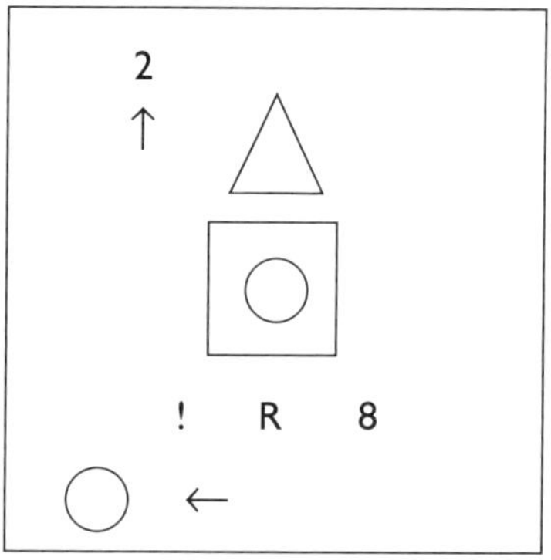

115. Faltam as letras: ***N***, ***T***.
Faltam as letras: ***L***, ***P***.
Faltam as letras: ***J***, ***I***.

116. 1) Mulher; 2) Filha; 3) Marido; 4) Mulher; 5) Irmã; 6) Irmã; 7) Marido; 8) Pai; 9) Mãe; 10) Pai; 11) Mãe; 12) Mulher; 13) Mãe; 14) Marido.

117. Autoavaliação.

118. Rotina-Comida-Animais-Estudo: O *estudo* demonstrou que os *animais* de zoológicos se acostumam com a *rotina* e conhecem o horário em que a *comida* é distribuída.

Festa-Segunda-feira-Trabalho-Descanso: Deixei a *festa* cedo para poder ter algum *descanso*, já que o dia seguinte era *segunda-feira*, dia de *trabalho*.

Guarujá-Praia-Dez-Hotel: Nas férias passadas, eu e minha esposa nos hospedamos em um *hotel* nota *dez* no *Guarujá* e aproveitamos bastante a *praia*.

Cachorro-Gato-Casa-Pátio: Pretendo alugar uma *casa* maior, com bastante espaço e um *pátio* para o meu *gato* e o meu *cachorro* poderem correr e tomar sol.

Computador-Medicina-Trabalho-Loja: Como o movimento da *loja* em que *trabalho* estava fraco, aproveitei o tempo entre um cliente e outro para ficar no *computador* e estudar para o vestibular de *Medicina*.

119. 1) Quadro-negro; 2) Gravata; 3) Travesseiro; 4) Letra L; 5) Machado; 6) Orquídea; 7) Vinho e vinagre; 8) Janela; 9) Prato; 10) Castanhas; 11) Pé; 12) Ar.

120.

TELEFONE	CRONOGRAMA
DESTRUIDOR	TRADUTOR
SUPERMERCADO	FERRAMENTA
CONSTELAÇÃO	DESODORANTE
PARADOXAL	TANGERINA
PRIMÁRIA	ADICIONAL
MORTANDADE	PRESIDENTE
SEGURANÇA	MAQUIAGEM
NASCIMENTO	INFORMAÇÃO
PRIVACIDADE	CAMOMILA
ADMINISTRADOR	MATERIALISMO

121.

1) LES-PAN-RO	9) LO-NE-PA-TI
2) DO-GA-LA	10) GA-LE-RE-ZO
3) AS-LO-OS	11) CA-FE-LIS-PA
4) FE-LE-MIS	12) BA-MEL-NA-TI
5) LO-MI-PEM	13) NA-SI-TE-ZO
6) DO-LIS-TE	14) LIS-MA-RE-TE
7) CIS-RE-ZAS	15) JO-LE-NA-SIS
8) GOS-LE-TI	16) DA-NIR-RO-TE

122. *4 letras/M:* mesa, mata, meta, mito, mate, muco, mato, maçã, muro, mudo, musa, mesa, moda, modo, medo, muda, mola, mula, mofo, mole, maca.

4 letras/F: foca, fita, feto, faca, fubá, face, fofo, fuga, fogo, figo, fuso, fumo, fama, fome, fole, fato, fase, fila, filó, figa, fada.

123. *Quem ri por último ri melhor:* ainda que pareça claro quem é o prejudicado, devemos esperar a solução final para que alguém possa dar-se por satisfeito.

Se a carapuça serviu: quando alguém se incomoda com um comentário é porque existe alguma razão para isso.

Inês é morta: quando alguém age ou toma uma decisão quando já é tarde e não há remédio possível.

Rei morto, rei posto: ninguém é insubstituível.

Falar é mais fácil do que fazer: os propósitos nem sempre correspondem à realidade.

Em Roma, como os romanos: quando estamos num entorno desconhecido, devemos imitar os costumes dos demais.

Situações extremas requerem medidas extremas: devemos realizar grandes esforços quando forem necessários.

Águas passadas não movem moinhos: o trabalho deve ser permanente. As ações do passado não nos servem no presente.

Não se consertam relógios com luvas de boxe: para realizar bem qualquer tarefa não é conveniente usarmos adornos que nos atrapalhem ou coisas desnecessárias que dificultem sua correta execução.

Quem quer faz, quem não quer manda: para conseguirmos algo, precisamos nos empenhar diretamente.

O saber não ocupa espaço: realça o valor da experiência e do conhecimento.

124.

1) Abóbora
2) Alface
3) Alto
4) Amigo
5) Arroz
6) Barco
7) Camareiro
8) Coração
9) Dente
10) Delta
11) Donzela
12) Estojo
13) Estufa
14) Fortuna
15) Gato
16) Lata
17) Monte
18) Nata
19) Pantera
20) Porta
21) Redondo
22) Riso
23) Rosca
24) Soma
25) Tenente
26) Trem
27) Túnel
28) Uva
29) Vista
30) Zoológico

125.

$A + F - B + I - G = 11$	$H + F - D + F - C = 55$	$D + E - J + I - J = 2$
$C + B - A + J - I = 20$	$A + H - G + G - D = 12$	$A + E - I + D - I = 21$
$E + D - G + F - E = 18$	$C + D - C + B - E = 6$	$B + I - E + H - H = 0$
$A + A - D + I - B = 0$	$B + A - B + F - G = 13$	$G + I - H + B - E = 7$
$C + D - A + G - A = 32$	$F + G - E + D - F = 22$	$F + C - B + A - C = 29$
$F + E - C + J - D = 37$	$H + F - D + E - H = 32$	$A + B - C + D - A = 10$
$B + C - E + I - B = 2$	$B + H - G + F - I = 25$	$E + J - I + A - C = 20$
$H + D - G + A - D = 0$	$D + F - H + I - J = 16$	$H + J - I + A - B = 25$
$C + F - A + B - I = 35$	$A + G - B + J - B = 30$	$D + F - G + B - G = 2$
$B + G - C + H - J = 24$	$H + E - D + C - A = 22$	$A + I - D + B - A = 2$
$D + B - E + I - A = 5$	$A + H - I + E - D = 20$	$C + I - D + E - A = 11$

126. Amigo, goteira, ramalhete, tesoura, ralo, lodo, dono, nome, memória, abacate, temido, doador, dormir, mirtilo, loja, jabuti, tico-tico, cobre, breca, caneco, colégio, ojeriza, zabumba, bagatela, labuta, talento, tolice, cena, naja, jamanta, tamanduá, ábaco, cotia, abóbora, ramo, moleza, zaga, gato, tomada, daquele, leque, querosene, neve, veado, doce, cenário, obrigado, dobradura, rabicho, chope, perigo, goma, mamute, tela, lava, varicela, lamento, totem, temperatura, rabo, bode, devido, dolo, loteria, amizade, detrito, tomo, mofo, fome, medieval, valsa, saveiro, roxo, xodó, dórico, cobre, bretão, tão somente, telefone, negro, grogue, gueto, tomara, radioso, sobre, brega, gama, mania, animal, malcriado, doberman, mandíbula, lata, tatu, tutor, tormento, tora, radical, calçado, dolorido, dose, semáforo, robô, bônus.

127. Teresópolis-**Santos**-Cabo Frio-Petrópolis

Iracema-Jandira-Ubirajara-**José**

Pedra-Areia-**Toalha**-Piche

Veadeiros-Araguaia-Amazonas-Tietê

Dedo-Unha-**Boneca**-Cabeça

Violino-**Tambor**-Lira-Guitarra

Ambiente-Entorno-**Cerca**-Meio

Holanda-França-**Canadá**-Espanha

Rubi-**Ouro**-Esmeralda-Safira

Pestana-Pupila-Íris-Córnea

Quati-Golfinho-Gato-**Tubarão**

Dicionário-Livro-**Pasta**-Revista

Louro-**Café**-Alecrim-Manjericão

128.
1) MARISA
2) OSCAR
3) TERESA
4) CLAUDIO
5) BEATRIZ
6) AUGUSTO
7) RAFAELA
8) SILVIO
9) PATRÍCIA
10) SÉRGIO
11) GORETE
12) ALBERTO
13) ROBERTA
14) MARCELO

129. A) 7.009, 6.789, 5.341, 4.921, 2.641, 897, 543, 536, 89, 67, 45, 6, 5, 2.

B) 8.008, 5.643, 3.452, 1.289, 980, 789, 769, 654, 361, 123, 90, 43.

C) 7.654, 5.982, 3.581, 1.487, 876, 547, 459, 128, 58, 54, 43, 23, 9, 3.

130. CARAMELO: lema, camelo, cara, cera, maré, rama, caro, ramela, arame, mala, remo, oca, marca, mola, lema, mero, Marcelo, mora, melar, colar, claro.

MARIPOSA: sopa, raposa, rosa, sari, asa, Paris, sapo, ramo, rima, piso, Sara, mar, riso, posar, raso, pisar, Roma, prosa, pior, pira, proa.

131. a) 146; b) 134; c) 178; d) 192; e) 149; f) 162; g) 137; h) 137; i) 147; j) 188.

132. 1) MO-PAN-TE-SI-ZA
2) CA-LA-ME-NI-RU
3) LO-MA-NI-SA-TE
4) AR-MO-NI-TE-TO
5) COS-LI-MO-PA-ZE
6) LO-MA-NO-SE-TIS
7) CA-NE-PA-RIS-TU
8) DEL-GRA-LA-NI-RI
9) CA-GI-NO-SE-TO
10) BO-GA-LA-ME-RE
11) FU-JA-NE-RO-SIS
12) CE-DE-GO-LI-RE
13) BE-HO-ME-TA-VI
14) DE-LE-RI-SO-ZA
15) GU-ME-NI-SA-XA
16) MA-QUE-RO-SE-TO

133. Vontade: *desejo*. Quente: *cálido*. Economizar: *poupar*. Escolher: *selecionar*. Morrer: *falecer*. Botar: *colocar*. Gelado: *gélido*. Agravar: *piorar*. Trigueiro: *moreno*. Trabalhar: *labutar*. Tolerante: *paciente*. Bicho: *animal*. Néscio: *ignorante*. Adorno: *ornamento*. Avisar: *advertir*. Cama: *leito*. Despencar: *cair*. Roupa: *traje*. Famoso: *célebre*. Residência: *domicílio*. Enfeitiçar: *encantar*. Alegre: *radiante*. Levantar: *erguer*. Beleza: *formosura*. Pedaço: *parte*. Cara: *rosto*. Coser: *costurar*. Exemplo: *amostra*.

134. As 15 palavras repetidas são: Roma, roda, ripa, Rafa, raso, rato, rota, remo, riso, rifa, rosa, rubi, rapé, reto, rufo.

135. *Lanchonete:* xícaras, copo, garfo, faca, colher, guardanapo de papel, ketchup, mostarda, molho inglês, tabasco, sal, açúcar, adoçante, sorvete, banqueta, balcão, refrigerante, torta, café, batata frita, pão.

Academia de ginástica: chuveiros, tênis, meia, camiseta, bermuda ciclista, calção, top, legging, sacola, toalha, sabonete, xampu, condicionador, suor, esteira, bicicleta ergométrica, pesos, halteres, TV, colchonete, espelho.

136. Autoavaliação.

137. Os números que se repetem são: 321, 345, 360, 384, 397, 406, 450.

138. Autoavaliação.

139. Autoavaliação.

140. 1) Balança; 2) Letra M; 3) Fome; 4) Calendário; 5) Luz; 6) Mosquito; 7) Silêncio; 8) Meia; 9) Pulga; 10) Fósforo; 11) Formigas.

141. Faltam as letras: ***R***, ***Z***.
Faltam as letras: ***S***, ***U***.
Faltam as letras: ***V***, ***W***.

142. Autoavaliação.

143. a) 212; b) 520; c) 362; d) 424; e) 773; f) 620; g) 820; h) 1.002; i) 580.

144. Ramo, moeda, dano, nome, meta, tarefa, famoso, sobrado, dote, telefone, nebuloso, solo, lobo, boliche, cheque, querido, dose, sede, demora, rabo, bolacha, chaveiro, rodovia, aliás, áspero, romeno, novidade, devota, tabasco, cofre, frete, teleférico, cone, neve, velhice, cela, lavoura, rabo, bota, tabela, ladra, dramático, comandante, telegrama, marinheiro, romano, notívago, gotejo, jogo, gola, ladeira, ravina, nata, tabu, bula, latino, nobre, breve, venenoso, solitário, otite, teco-teco, copo, potência, adiado, documento, tosa, sabedoria, alado, doze, zebra, bravo, vovô, vômito, tomate, tear, armário, oxalá, látex, texto, topázio, ovo, vogal, galvanizado, doer, ergonomia, atitude, demência, aluguel, guelra, rabanete, tevê, vênia, alambique, querela, lamento, tora, radiosa, salina, natal, talco, cozido, domo, molar.

145. Petrópolis-Vista-Sete-Sabão: Vi no supermercado hoje um *sabão* novo que tem no rótulo uma *vista* que lembra *Petrópolis*, mas não comprei porque achei caro: *sete* reais a embalagem menor.

Tênis-Computador-Semana-Outubro: Esta *semana* eu vou ganhar um *tênis* novo da minha avó e, no meu aniversário, em *Outubro*, ela vai me dar um *computador*.

Laura-Matemática-Pacote-Casa: *Laura* tinha dificuldade em *Matemática*, mas teve aulas de reforço em *casa*, estudou muito e conseguiu passar de ano; por isso, para recompensar seu esforço, os pais dela a presentearam com um *pacote* de viagem para a Disney.

Recipiente-Banqueta-Jardim-Manhã: Hoje de *manhã*, levei para o *jardim* uma *banqueta* e um *recipiente* plástico com alpiste, sentei-me à sombra e fiquei alimentando os pardais.

Médico-Correto-Dor-Piscina: O diagnóstico do *médico* foi *correto*: aquilo que eu vinha sentindo não era nada sério, apenas *dor* muscular por ter me excedido me exercitando na *piscina*.

146. *Mais vale um diabo conhecido do que outro por conhecer:* em certas ocasiões é preferível conformar-se com a situação atual ainda que seja ruim, já que qualquer mudança poderia piorá-la.

Mais vale um bom amigo do que cem parentes: porque em muitas ocasiões um amigo ajuda mais do que a própria família.

Quem espera sempre alcança: conseguir um dia o que se deseja, mesmo que demore, é melhor do que jamais conseguir.

Quem semeia ventos colhe tempestades: os maus exemplos e ideias têm consequências funestas.

Não julgue os outros por si mesmo: as pessoas de conduta condenável tendem a pensar mal dos outros para justificarem a si próprias.

A pressa é inimiga da perfeição: assuntos importantes requerem mais atenção.

Quem cria cobra amanhece picado: não se pode esperar agradecimento de quem é uma pessoa ruim, ainda que se faça o bem a ela.

Depois da tempestade vem a bonança: as situações ruins acabam passando.

Quem nunca pecou que atire a primeira pedra: todo mundo comete erros.

Quem à boa árvore se acolhe boa sombra o cobre: realça a probabilidade de tirar proveito das pessoas que por seus cargos ou meios podem nos favorecer.

Roma não foi feita em um dia: recomenda a constância e a perseverança. A paciência é o meio mais eficaz para alcançarmos resultados.

O pior cego é aquele que não quer ver: para alguns, os interesses pessoais estão acima de outras considerações.

147. FLAMINGO: mola, galo, mago, mina, lima, folga, amigo, gamo, gola, mola, lago, gol, Mali, figo, mal, lona, falo, ímã, linfa, mil, longa.

CABELUDO: bela, cela, doca, Cabul, lua, cola, Abel, clube, Baco, bola, boca, Cleo, olá, louca, beca, cabelo, duelo, lado, cal, ludo, ode.

148. Autoavaliação.

149.

1) MUSEU
2) CANTO
3) SALEIRO
4) PRODUTO
5) PISCINA
6) GULODICE
7) RESFRIADO
8) ANIVERSÁRIO
9) CARBONO
10) ALECRIM
11) CRETINO
12) REFLEXO
13) JOELHO
14) LAGOSTA
15) PANTERA
16) MARATONA

150. 1) Gaveta; 2) Crânio; 3) Sótão; 4) Rastro; 5) Coroa; 6) Alegria; 7) Alma; 8) Puxador; 9) Cacho; 10) Torrente.

Índice de exercícios

EDITORA VOZES LTDA.
Rua Frei Luís, 100 – Centro – Cep 25689-900 – Petrópolis, RJ
Tel.: (24) 2233-9000 – E-mail: vendas@vozes.com.br